BRETAGNE

sehen & erleben

BRETAGNE

Fotografie: Heinz Wohner
Text: Hermann Schreiber

Südwest

Inhalt

Die Bilder der Inhaltsseiten zeigen im Uhrzeigersinn Ausbesserungsarbeiten an einem Strohdach auf der Halbinsel Grande Brière (oben), das Seebad Brignogan-Plages im Nordwesten der Bretagne, Schloß Châteaubriant, Frauen bei der Fête de Cornouaille in Quimper und einen typisch bretonischen kulinarischen Genuß: Austern.

Das Bild auf Seite eins entstand auf der Pointe de Pontusval. Auf Seite zwei ist Saint-Malo von Dinard aus zu sehen.

Quimperlé, das alte Städtchen am Zusammenfluß von Isole und Ellé, ist alljährlich Schauplatz der Fête de Toulfouen. Wenn die Bewohner der umliegenden Orte in ihrer traditionellen Tracht zusammenkommen, ziehen besonders die Hauben der Frauen die Blicke der Besucher auf sich (beide Bilder).

Vorhergehende Doppelseite: Den rosafarben und rötlich schimmernden Granitfelsen verdankt die nördlichste Küstenlandschaft der Bretagne ihren Namen: Côte de Granit Rose. Wie hier an der Pointe de Squewel haben Meer und Wind die Steine zu teilweise skurrilen Formen abgeschliffen.

9

12

In einem anderen Land

Aus der bretonischen Geschichte

Hat man nach langer Frankreichfahrt die östlichen Grenzzonen der Bretagne passiert, schwindet von Kilometer zu Kilometer deutlicher der vertraute französische Charakter von Landschaft, Ortschaften und Menschen, und spätestens nach der Umfahrung von Rennes oder Nantes gewinnt der Reisende die Überzeugung, sich in einem anderen Land zu befinden, in einem sehr merkwürdigen Land, nicht wirklich aus unserer Zeit, nicht wirklich auf unserem Kontinent. Ob man von den üppigen Weiden und reichen Märkten der benachbarten Normandie her kommt oder den Glanz der prachtvollen Loireschlösser noch im Gedächtnis hat, auf dieser Halbinsel ist alles anders, und dies hat seine Gründe.

Die Megalithkultur

Die Bretagne war – wie auch Südengland auf der anderen Seite des Ärmelkanals – in der Jungsteinzeit ein bedeutendes Zentrum der europäischen Megalithkultur, die mit Menhiren und Dolmen eindrucksvolle Zeugnisse der Frühgeschichte hinterlassen hat. Bei diesen frühen Siedlern handelt es sich gewiß um das interessanteste Volk aus der Kindheit Europas.

Doch obwohl es Gegenstand umfangreicher Untersuchungen gewesen ist, konnte keine Gewißheit über Herkunft und Organisation der leider schriftlosen Großsteinbauer erlangt werden. Man weiß zum einen, daß diese Menschen Landwirtschaft betrieben haben. Erstaunlicher aber ist, daß es sich um frühe Seefahrer gehandelt haben muß, die mit der Hochseenavigation vertraut waren – darum finden sich die großartigsten Steinsetzungen an den Küsten. Aber auch an zum Meer hinführenden Flußtälern und ebenso auf weithin sichtbaren Höhen stößt man auf prähistorische Stätten. Die Steine sind in Halbkreisen (Cromlechs) angeordnet oder haben als Grabkammern die Form von Tischen (Dolmen). Liegt der Bau in einem künstlich aufgeschütteten Hügel, so spricht man von einem Tumulus. Man begegnet einzeln aufragenden Felsblöcken (Menhire) oder linearen Kombinationen mit astrologischem Bezug. Die Orte des Mondauf- und -untergangs und diejenigen Punkte, von denen aus man die Sonne im Meer versinken oder aus dem Wasser aufsteigen sah, spielten bei der Platzwahl und bei der Anordnung der Steine eine herausragende Rolle.

Denkt man darüber nach, blickt man bei Sonnenuntergang über die mehr als zweitausend Steine von Le Ménec bei Carnac, dann begreift man, daß hier mit menschlichen Mitteln eine Annäherung an Gottheiten und Gestirne versucht wurde. Und vollends ergriffen ist man, sobald man an der Landspitze von Locmariaquer den großen Menhir und hinter ihm die sogenannte Table des Marchands erblickt, die gewaltigen Steine an der Einfahrt zum »kleinen Meer« (»mor bihan«): Wahrzeichen und Orientierungspunkte, gewiß, aber auch Stätten der Dankopfer für Menschen, die so früh die Meere befuhren, daß wir uns ihre Boote kaum vorzustellen vermögen.

Die Bretagne weist zwar kein Denkmal von der bestürzenden Großartigkeit von Stonehenge im südlichen England auf, andererseits erscheint sie von jenem prähistorischen Megalithvolk weitgehend durchdrungen und über längere Zeit besiedelt gewesen zu sein. Die ersten Gräber wie der berühmte Tumulus an der Bucht von Térénez werden in das Jahr 3800 v. Chr. datiert, die jüngste »allée couverte« (Ganggrab) weist auf die Jahre um 2200 v. Chr. Damit ist ein Zeitraum von nicht weniger als 1600 Jahren umschlossen, in dem eine bemerkenswerte Konsequenz von Bau- und Bestattungsformen erkennbar ist.

Die keltische Ära

Gegen Ende des dritten vorchristlichen Jahrtausends scheinen sich die Megalithstämme aus der Bretagne zurückgezogen zu haben. Bald darauf, in der mittleren Bronzezeit – die in diesem Landstrich etwas später einsetzt als etwa im Bereich des Ostmittelmeers –, werden die Funde reicher und interessanter. Auch die Gräber der La-Tène-Zeit und der Hallstattepoche sind auf der Halbinsel um etwa 200 Jahre jünger als im übrigen Mitteleuropa. Das heißt: Der Anschluß an die allgemeine Entwicklung ist noch nicht vollzogen, aber der Abstand zu den Kulturvölkern hat sich verringert. Die im sechsten Jahrhundert von Osten in die Bretagne vordringenden Siedler werden von manchen Forschern dem energischen Stamm der Arverner zugerechnet. Wie weit diese Einwanderung keltisch zu nennen ist, das versehen auch modernste Darstellungen mit einem Fragezeichen.

Die Bewegung als solche steht fest, andererseits ist man heute skeptisch gegenüber der viel zu viele Völker gleichmachenden, in einen Topf werfenden Bezeichnung Kelten. Allzu unterschiedlich sind die Stämme in diesem großen Eroberungsbund an der Schwelle zur verläßlichen, mit anderen Worten griechisch-römischen Geschichtsschreibung. Zu wild scheinen manche Gruppen, um mit den erstaunlichen zivilisatorischen Leistungen der begabtesten Stämme – etwa in Ostfrankreich oder in den Alpen – zu einem einzigen Volkscharakter zusammengebraut zu werden.

Cäsar und die Römer

Im zweiten vorchristlichen Jahrhundert kamen die mit Hunderten von Schiffen sehr beweglichen und wohlhabenden Veneter gegen die Kontinentalmacht der Arverner auf und beherrschten fortan den Kernraum

der Bretagne zwischen dem dünn besiedelten Finistère und den fortgeschrittenen Namneten an der Loiremündung. Cäsar mußte, sofern er nach England übersetzen wollte, die Seeherrschaft dieser Gruppe brechen. Deshalb ließ er um 56 v. Chr. eine Flotte bauen, um es mit den erfahrenen Seefahrern aufzunehmen. Die große Schlacht vor der Morbihanküste leitete Decimus Brutus Albinus; Cäsar selbst soll vom Tumulus von Tumiac aus zugesehen haben. Diese Auseinandersetzung ist der erste genauer bekannte Vorgang der bretonischen Geschichte überhaupt. Sie ist deshalb so be-

merkenswert, weil Cäsar im »Gallischen Krieg« (III, 8ff.) neben militärischen Schilderungen auch Kulturgeschichtliches mitteilt. Günstig wirkte sich auf das Geschick der Angreifer aus, daß es damals das Lagunen- und Inselgewirr des Morbihan noch nicht gab. Erst später brach das Meer ein und schuf Verhältnisse, die im heutigen Naturschutzgebiet jede Seefahrt so schwierig machen. Friedlicher war die Botschaft der Coriosoliter, eines Händlerstammes, der zwischen den Venetern und der Nordküste lebte und eine sehr lange blühende Handelsstadt als Metropole besaß.

Die blühenden Hortensien sind ein farbenfroher Kontrast zu dem grauen Granit auf dem Kirchhof von Locronan (links) oder den blauen Fensterläden eines Häuschens in Sauzon auf Belle-Ile (oben).

Die »Pax Romana«, vier friedliche Jahrhunderte im römisch besetzten Gallien, sicherte der Bretagne von der Landseite her die Möglichkeit zu einer ruhigen Entwicklung, während sich der einträgliche Handel über den Kanal mit dem nun ebenfalls römisch besetzten England fortsetzte. Allerdings schufen dort lokale Erhebungen gegen die ungeliebten Okkupanten kurzzeitige Unsicherheiten. Eine tiefgreifende Veränderung erfolgte erst, als die Römerherrschaft in England unter den immer dichter aufeinanderfolgenden Angriffen aus Schottland, Dänemark, Friesland und endlich auch Norwegen zerbrach. Unter den Angeln und Sachsen, die nach Südengland vordrangen und dort die keltischen Untertanen des Artus und anderer Könige besiegten, ging die keltoromanische Zivilisation dieser Landstriche schließlich zugrunde.

Zuzug der Christen aus Cornwall

Was die Bretagne dadurch erlebte – eine Einwanderungswelle aus dem unterworfenen und fortan heidnisch-germanischen Cornwall –, brachte der rauhen Halbinsel eine kultivierte, eine weitgehend christianisierte Neubevölkerung verwandten Stammes, die ihre eigenen Organisationsformen entwickelt hatte. Das heißt, es kamen nach 460 nicht nur Fischer, Landvolk und Stadtbürger, sondern auch Herren, Fürsten und Geistliche. Reichtum verhieß das nicht, der Ausfall der atlantischen Handelsbeziehungen blieb fühlbar bis ins Jahr 799, als Kaiser Karl der Große die Bretagne unterwarf und in sein Imperium einband.
Um so beachtlicher aber war die mit dieser Invasion verbundene Bereicherung des Geisteslebens in nunmehr vergrößerten Gemeinwesen. Wogen von Legenden und keltischen Traditionen fluteten über den kargen Landstrich. Alles, was uns von König Gradlon, von der versunkenen Stadt Ys und den vielen Heiligen dieser Frühzeit bekannt ist, wird nun unverlierbarer Bestandteil bretonischer Überlieferung.
Nach der Eingliederung der Neuankömmlinge ist ein Aufblühen jener Kleinbistümer festzustellen, die es zwar schon vor dieser Zeit überall in Gallien und auch in der Bretagne gab, die aber als gesellschaftliche Zentren noch keine nennenswerte Rolle gespielt hatten. Das wurde nun anders, freilich vor allem, weil an die Stelle der römischen Verwaltung neue Autoritäten treten mußten, die nach Lage der Dinge nur von der Kirche kommen konnten. Da auch die lateinische Sprache nun ziemlich schnell verschwand, da der Südengland und der Bretagne gemeinsame bretonisch-keltische Dialekt durch die höher gebildeten Einwanderer kultiviert und in Schriftformen gebracht wurde, kann die Zahl dieser Neuankömmlinge nicht ganz unbedeutend gewesen sein. Sie erscheinen in herausragenden Positionen, allerdings noch jahrhundertelang als Fremdkörper: Als Nomenoë (gestorben 851), 826 von dem Frankenherrscher Ludwig dem Frommen eingesetzt, in glanzvollen Schlachten die Unabhängigkeit und Einigkeit der Bretagne erkämpft, hat er eine intrigante klerikale Immigrantenopposition zu beseitigen.

Zwischen Selbständigkeit und Unterwerfung

Dieser Nomenoë wird von den Bretonen als ein Heros verehrt, der seiner Herzogswürde eigentlich gar nicht bedarf, und man kann wohl sagen, daß einzig sein plötzlicher Tod die Entstehung eines mächtigen, solide an Festlandsbastionen verankerten Königreichs verhindert hat. Nach dem Tod seines Sohnes Erispoë wird die bretonische Geschichte immer mehr Teil der normannischen und westfranzösischen Entwicklungen. Haben die Normannen tüchtige

Anführer, wird die Bretagne erobert und verheert, stehen in der Bretagne begabte Kommandanten an der Spitze – wie Alain Barbe-Torte, »der mit dem gewundenen Bart« – werden die Eindringlinge wieder hinausgeworfen (939). Damit dauern Unfrieden, Not, Armut und Niedergang der Siedlungen bis ins 14. Jahrhundert an. Erst mit den Herzögen aus dem Haus Montfort beginnt 1364 ein Wiederaufstieg, ja man verzeichnet nun etwa 100 Jahre lang wirtschaftliche und kulturelle Blütezeiten, die in die Herrschaft der Herzogin Anne de Bretagne (1488–1514) münden. Ihre Ehen mit

dem früh verstorbenen Karl VIII. und dem danach hastig zugreifenden Ludwig XII. führen die Halbinsel in den größeren Verband des französischen Königtums bei schnell abnehmender Selbständigkeit: Die unwiderrufliche Eingliederung wird 1532 vom Parlament in Vannes bestätigt.

Damit wendet sich die Bretagne wieder dem Meer zu, was bedeutet: Den entfernten Fanggründen vor den Küsten Amerikas, die bretonische Fischer schon etwa 40 Jahre vor Kolumbus erkundet hatten. Ein neuer Aufschwung beginnt für das Land, seine Städte und viele seiner Bewohner, denn die Hafen-

Beim Cornouaille-Fest, das jedes Jahr im Juli in Quimper stattfindet, steht die traditionelle bretonische Volksmusik im Mittelpunkt (beide Seiten).

orte werden Stützpunkte für Frankreichs zunächst imposante Landnahme in Nordamerika und danach für den Korsarenkrieg gegen das als Kolonialmacht siegreich gebliebene England. Erst in den Bombennächten des Zweiten Weltkriegs wurden die Heimatorte der kühnen bretonischen Kaperkapitäne, Brest, Saint-Malo und Nantes, mit all ihrem alten Zauber vernichtet.

Pfarrbezirke und Pardons

Die wirtschaftliche Blütezeit des Spätmittelalters brachte besonders den Menschen im Nordwesten der Bretagne einen nennenswerten Wohlstand, denn in dieser Region gab es einen florierenden Tuchhandel. So konnte man sich als religiöse Zentren, aber durchaus auch als architektonische Prestigeobjekte jene »Enclos paroissiaux« leisten, die neben den vorgeschichtlichen Steinsetzungen ein zweites Charakteristikum der Halbinsel darstellen. Tatsächlich verfügen vergleichsweise kleine Orte über Pfarrbezirke von erstaunlichem Ausmaß, und man gewinnt den Eindruck, als hätten die Menschen jener Zeit um den Titel des prachtvollsten Sakralensembles gewetteifert.

Es handelt sich jeweils um einen Baukomplex, der seinen Platz im Herzen der Siedlung fand und von einer Mauer begrenzt wurde. Man betritt das Areal durch die Triumphpforte und findet neben einer Kirche oder Kapelle ein Beinhaus (ossuaire) und – im Zentrum – den sogenannten Kalvarienberg (calvaire). Das Gotteshaus umgibt in der Regel ein Friedhof. Wegen des begrenzten Raumes mußten ältere Gräber geöffnet werden, die Gebeine der Verstorbenen aber fanden fortan ihren Platz im Beinhaus, das auch als Totenkapelle benutzt wurde. Der Calvaire besteht für gewöhnlich aus der Skulptur einer Kreuzigungsszene, die auf einem figürlich geschmückten Sockel ruht. Dieser zeigt – nicht selten in

überschwenglichem bildnerischem Reichtum – Bilder aus dem Leidensweg Christi, aber auch Darstellungen aus seinem Leben. Sowohl in ihrem Arrangement als auch in ihrer Ausführung sind die umfriedeten Pfarrbezirke eigenwilliger Ausdruck bretonischen Kunstschaffens. Die Werke häufig anonymer Meister, die den Epochen der Spätgotik und der Renaissance angehören, sind als Volkskunst aufzufassen, sie sind oft bäuerlich-spontan und zeugen von schöpferischer Eigenständigkeit gegenüber den Kulturlandschaften im Osten. In einigen Fällen wurden sogar Figuren der heidnischen Mythologie den christlichen Gestalten beigesellt. Es ist bemerkenswert, daß die Christen mit Friedhof und Beinhaus Mahnmale an den Tod in die Mitte ihres Gemeinwesens stellten. Immer wieder stößt man auf Bildnisse des Sensenmanns, der den Besuchern die Begrenztheit ihres irdischen Daseins vor Augen führte.

Die tiefe religiöse Verwurzelung der Bretonen spricht nicht nur aus den steinernen

Die Windmühle auf dem Mont-Dol: Der Legende nach soll auf diesem Felskegel der Erzengel Michael gegen den Teufel gekämpft haben (oben). Der Naturpark Grande Brière, ein ausgedehntes Moorgebiet westlich von Nantes, bietet seltenen Pflanzen und Vögeln Lebensraum (unten).

schwarzen Trachten und die typischen weißen Hauben an, die untrennbar mit dem Bild der Bretagne verknüpft sind.

Eigenständigkeit durch Abgeschlossenheit

In unseren Tagen, da in Westeuropa die Grenzen fallen und Millionen des Arbeitsplatzes wegen in fremden Ländern leben, sind Begegnungen mit ursprünglichen Völkern Erlebnisse besonderer Art und die Stätten ihres historischen Daseins von größter Bedeutung. Auf der Keltenhalbinsel Bretagne hat sich die traditionelle Lebensweise in ungewöhnlich starker Ausprägung erhalten können. Dies war wegen der weitgehenden Abgeschlossenheit des Landstrichs bis in die Neuzeit der Fall.

Gewiß haben die eigenartige Landesnatur, der Urgesteinsfels in seinem Äonenkampf gegen das Meer, die Exponiertheit den Naturgewalten gegenüber besondere Wirkungen auf den Menschenschlag gehabt, auf seine Gemeinwesen, seine Bauten. Aber die Eigengeschichte dieses kleinen Raums und die einzigartige Mischung aus Cornwall und Armor hatten gewiß auch ihren Anteil daran, daß die Region für sich selbst und für uns werden konnte, was sie geworden ist.

Ein Besuch der Bretagne gehört zu den stärksten Erlebnissen, die unser kleines Europa für den Reisenden bereithält – auch und gerade dann, wenn er andere Länder schon gut kennt. Die Gegend ist ganz anders als etwa die Halbinseln des Mittelmeers oder des skandinavischen Raums; sie unterscheidet sich selbst vom übrigen Frankreich sehr deutlich, und sie bleibt unvergleichlich und ein selbständiger Eindruck, ganz gleichgültig, was man vorher oder nachher gesehen und erlebt hat.

Diese Eigenart hat verschiedene Ursachen, ist aber aus ihnen nicht völlig zu erklären, wie überhaupt manches Geheimnisvolle

Über 3000 Megulithen aus vorgeschichtlicher Zeit konzentrieren sich in der Gegend um Carnac. Im Bild ein Teil der Steinallee von Kerzerho (oben).
Heute ist die Bretagne ein modernes Agrarland. Nostalgische Pferdegespanne sind daher nur noch selten zu sehen (unten).

Zeugen der Vergangenheit, sondern auch aus ihrem lebendigen Brauchtum. Die Zahl der Heiligen, die auf der Halbinsel verehrt werden, ist außerordentlich hoch, wenn auch nur ein Bruchteil der Gestalten in Rom Anerkennung fanden wie der heilige Yves oder der heilige Ronan.

Fast jeder Ort gedenkt »seines« Heiligen in einem periodisch stattfindenden Festzug, »Pardon« genannt. Die meisten dieser Wallfahrten finden vom Frühling bis in den Herbst statt und werden von ausgelassenen Festen und bunten Jahrmärkten begleitet. Die eigentliche religiöse Feier besteht zum einen aus einer Messe mit Predigt, die im Freien abgehalten wird – so lassen sich die Außenkanzeln erklären, auf die man an den Kirchen immer wieder trifft. Dem Gottesdienst schließt sich eine Prozession an: Andächtig schreiten die Menschen durch die weite Heide- oder Wiesenlandschaft, auf ihrem Weg führen sie Heiligenfiguren und zahlreiche Opfergaben mit sich. Die Frauen legen zu diesem Anlaß ihre vorwiegend

Frühaufsteher können am Morgen den Fischern von Concarneau beim Anlanden ihres Fangs zusehen.

und Widersprüchliche zum Reiz eines bretonischen Sommers gehört. Da ist zunächst das Land, das im Innern so friedlich vor uns liegt in seiner pastoralen Stille, an den Rändern aber mit Klauen und Zähnen aus schwarzem Granit gegen den Ozean kämpft. Und da ist eine ursprüngliche, eigenständige Kultur, die deutliche heidnische Elemente aufweist, daneben aber auch Zeugnisse eines mittelalterlich-innigen Christenglaubens vor uns hinstellt, wie wir sie ergreifender und überzeugender weder aus Spanien noch Italien kennen – Bauten, in denen Aberglaube aus der Frühzeit sich zu einem Mystizismus ganz besonderer Art gewandelt hat.

Am Westrand des zentraleuropäischen Kulturbereichs hat eine kleine Welt ihre Sonderart erhalten können, aber es war ein Bewahren im Kampf: Gegen Valois, gegen die Bourbonen und gegen das Haus Orléans hat man sich so ehrenhaft gewehrt wie gegen Normannen und Engländer, gegen die Revolution und den modernen Zentralismus.

Die Städte

Bretonen sind keine Städter, ihre Affinität zu größeren Siedlungen ist begrenzt. Aus bescheidenen Fischerdörfern wurden in diesem Land Märkte, aus dem einen oder anderen Schweine- oder Pferdehandelszentrum ein Binnenstädtchen. Rund um bedeutende Kirchenzentren wie zum Beispiel Quimper oder auch Saint-Pol-de-Léon entstanden kleine Häuseransammlungen. Die einzige Großstadt, die neben Nantes dieser Bezeichnung wirklich gerecht wird, ist das am Ostrand der Halbinsel liegende Verwaltungszentrum Rennes.

Rennes

Rennes empfängt den Reisenden in der Regel mit seinem südlichen, neuen Teil. Doch selbst die Altstadt am nördlichen Ufer der Vilaine entstand erst ab 1720, dem Jahr, in dem ein fürchterlicher Brand die ursprüngliche, mittelalterlich-enge Bebauung vernichtete. Die Universitätsstadt ist freundlich-provinziell, mit Verstand angelegt und zweifellos ein sehr angenehmer Aufenthalt für ihre Bewohner, nur ein wenig arm an Persönlichkeit, an dem was der Franzose »cachet« nennt. Lediglich bei der Eglise Saint-Sauveur und in dem Viertel zwischen der Kathedrale und der Place Sainte-Anne hat sich altbretonischer Häuserbestand erhalten, weil diese Gegend von dem großen Brand verschont geblieben war (Rue du Pont-aux-Foulons, Rue Saint-Georges, Place des Lices und andere).

Die große Juristentradition der Stadt, in der seit dem 16. Jahrhundert das bretonische Parlament tagte, verschaffte ihr in Frankreich einen Namen, ebenso der heroische Bürgermeister Leperdit, der 1793 die gefangenen Adeligen gegen den Bluthund Carrier verteidigte – jenen Unmenschen, der die berüchtigten Noyaden von Nantes veranstaltete: Er ließ dort Hunderte unschuldiger Bürger, deren einziges Verbrechen darin bestand, keine Revolutionäre zu sein, aneinanderbinden und ertränken.

In einem gut ausgestatteten Musée de Bretagne südlich der Vilaine kann man sich über die Stadtgeschichte informieren, aber auch über die Vergangenheit und das Brauchtum der ganzen Halbinsel. Steinerne Zeugen finden sich im Justizpalast, in den Kirchen und vornehmen Stadtpalästen. Das Musée des Beaux-Arts teilt sich den Museumspalast mit den Sammlungen zur bretonischen Historie. Es wetteifert in seinem unerwarteten Reichtum mit Nantes und Le Havre, ist aber weniger auf die französischen Meister konzentriert und auch an bedeutenden Werken aus der Gegenwart der Malerei nicht so reich. Die Stärke der Kollektion sind die Niederländer und einige große Italiener wie Paolo Veronese, Bassano, Tintoretto, Annibale Carracci, Luca Giordano und ein stimmungsvoller Guardi.

Nantes

Ungleich bekannter als Rennes und bedeutender in seiner historischen Rolle ist Nantes an der Mündung der Loire in den Atlantik. Wir erleben es in unseren Tagen, wie die spät erwachten französischen Naturschützer gerade um die Loire kämpfen, den letzten der größeren Flüsse Frankreichs, den Wasserlauf, der durch das Herz des Landes strömt. In und um Nantes ist alles verloren, was man zu retten gehofft hatte. Denn die Wirtschaftsmacht zieht große Umschlaghäfen an den Mündungen von Seine, Loire und Gironde der Schiene vor, deren Netz im vorigen Jahrhundert noch so großzügig ausgebaut worden war.

Einst wohl noch bunter, noch sichtbarer reich und bürgerstolz als heute, war es Nantes, von dem aus Frankreich die Halbinsel zu beherrschen suchte. Seit der Neuord-

nung der Verwaltung und der Gliederung in Départements nicht mehr offiziell zur Bretagne gezählt, weist die Stadt auch wenig auf, was man bretonisch nennen könnte. Selbst die Kirchen sind nicht aus Granit, sondern aus dem weißen Touraine-Stein errichtet. Die Hauptsehenswürdigkeit ist die Kathedrale Saint-Pierre-et-Saint-Paul, die ab 1434 in jahrhundertelanger Arbeit errichtet wurde. Der Bau erlitt starke Schäden, als am 28. Januar 1972 im Chor ein verhängnisvoller Brand ausbrach, der auf das Querschiff übergriff und langwierige Restaurierungsarbeiten notwendig machte. Hingegen hat das alte Schloß der Herzöge der Bretagne, südlich der Kathedrale am Rand der Altstadt gelegen, die bewegten Zeiten und schließlich auch noch den Zweiten Weltkrieg recht gut überstanden. Es gibt uns eine Vorstellung jener großen Epoche, in der Ludwig XII. in diesen Mauern Anne de Bretagne heiratete (1499). Heinrich IV. unterzeichnete hier 1598 das berühmte Toleranzedikt von Nantes, das Ludwig XIV.

Die Fischer von Conquet an der Westspitze der Bretagne haben sich auf den Krebsfang spezialisiert.

Wegmarken, Friedhof, Kultstätte? Bis heute ist nicht geklärt, welche Bedeutung den zahlreichen Menhiren einst zukam. Im Bild die Alignements de Kerzerho bei Carnac.

auf Betreiben seiner Favoritin, der Konvertitin Maintenon, wieder aufheben ließ. Die Folge war ein Strom von hugenottischen Glaubensflüchtlingen, die nicht zuletzt in Deutschland Sicherheit vor den Verfolgungen suchten. Stolz, aber düster besitzt der Palast wenig Eleganz und Heiterkeit in der Architektur, den Turm der Goldenen Krone ausgenommen (Tour de la Couronne d'Or). Vor den Zugang zum Turm schiebt sich am Rand des Hofes der alte Brunnen mit dem berühmten Schmiedeeisenkunstwerk in Form der Herzogskrone. An der Nordseite des Innenplatzes erhebt sich der Vieux Donjon, Überbleibsel des mittelalterlichen Baus, aber keineswegs das älteste Element des Komplexes. Ausgrabungen haben auch Reste einer galloromanischen Legionärsfestung freigelegt, und man weiß heute, daß das uns sichtbare Herzogsschloß die Südostecke der römischen Zentralbefestigung bildete. Ob die im Hof mehr als Schaugruppe belassenen Reste tatsächlich aus dieser ersten Anlage stammen, ist freilich nicht sicher. Die ansehnlichsten Teile des Gebäudes liegen in der Südwestecke der Anlage: Hier ließ sich Anne de Bretagne ein hohes Wohngeschoß (Grand Logis) errichten. Ein wuchtiger militärischer Bau wurde erst kurz vor der Revolution an den Ostrand des Hofes gesetzt, das sogenannte Harnachement (Zeughaus, Remise, Schirrmeisterei). Folgt man den Gartenanlagen südlich des Schlosses in westlicher Richtung, so gelangt man in ein Viertel mit dem Namen Ile Feydeau, das trotz der vielen Loirearme und eines zur Gänze überbauten Baches keine wirkliche Insel mehr ist. Hier wurde der berühmteste Sohn der Stadt, der Schriftsteller Jules Verne, geboren. Die Gebäude aus dem 18. Jahrhundert erheben sich auf Pfählen und Fundamenten ganz ähnlich wie in Venedig. Die Gegend bildete einst ein nobles Ghetto für zwei Dutzend der wohlhabendsten Reeder und Sklavenhändler, das nur durch eine Brücke mit der übrigen Stadt verbunden war, was zweifellos dem Sicherheitsbedürfnis dieser schnell reich gewordenen Familien diente. Die zwei eindrucksvollsten Paläste bilden den Bug dieses steinernen Schiffes, den man auch als »petite Hollande« bezeichnet.

Ein sehenswerter Teil der künstlerischen Reichtümer, die eine lebenslustige Gesellschaft im Lauf der Jahrhunderte in die Stadt geholt hatte, ist heute in dem sehr reichhaltigen Musée des Beaux-Arts zu sehen (zwischen Kathedrale und Jardin des Plantes).

Quimper

Die dritte jener Städte, die sich zumindest zeitweise als Hauptstadt der Bretagne bezeichnen durften, ist der Bischofssitz Quimper, weit im Westen, weit weg von Frankreich, eine echte bretonische Metropole, soweit es so etwas überhaupt bei diesem bescheidenen Volk geben kann. Es ist ein friedlicher Ort geblieben, trotz gelegentlicher Gastspiele militanter Unabhängigkeitsgruppen, eine Stätte des großen geistlichen Friedens, wie er über alten Bistümern liegt; aber ein leichtes heidnisches Rüchlein weht doch auch noch durch die Gassen.

So wie man in den USA eine Menge Städte mit europäischen Namen findet, so haben offensichtlich die eingewanderten Briten die neugegründeten Klöster und Siedlungen mit Namen aus der verlassenen Heimat bezeichnet. Der ganze südwestbretonische Herrschaftsbereich eines offenbar bereits als mächtiger Mann eingewanderten Gaugrafen erhielt den Namen Cornwall, französisch Cornouaille. Dieser Einwanderer hieß Gradlon, und die alten lateinischen Dokumente nennen ihn Gradlonus-Magnus.

Der Graf unterwarf ab etwa 485 den ganzen Landstrich zwischen Crozon und Concarneau und wird in Sagen und Legenden darum König genannt. In seiner Residenz Kemper (bretonisch für Zusammenfluß), dem heutigen Quimper, gibt es eine Rue Gradlon, die auf den Dom zuführt. An der Domfassade selbst ist der Fürst in Stein und zu Pferd zu besichtigen.

Und darum kann ich nun endlich die Sage von der versunkenen Stadt Ys erzählen, die nach manchen in der Bucht von Douarnenez, nach anderen vor Penmarc'h zugrunde ging: Gradlon hatte eine wunderschöne Tochter namens Dahut, die jedoch sittenlos dahinlebte. Auf Bitten ihres Liebhabers, der kein Geringerer als der Teufel selbst gewesen sein soll, stahl sie ihrem Vater den Schlüssel zu den Toren in dem großen Flutdamm, der den Hafen der Stadt schützte. Der satanische Galan öffnete das Riesentor, die Flut brach ein und verschlang Ys. Gradlon selbst, dem Gerechten, gelang jedoch die Flucht vor den ihn verfolgenden Wassermassen erst, nachdem er auf Geheiß einer himmlischen Stimme seine lasterhafte Tochter von der Kruppe ihres Pferdes in die tosenden Fluten gestoßen hatte.

Die Geschwindigkeit der Flut, die in der Bucht des Mont Saint-Michel tatsächlich ein Pferd zum Galoppieren zwingen könnte, weist auf eine der flachen Buchten als Entstehungsort der Sage hin, vielleicht sogar auf jene von Saint-Malo, in der ja ein Halbdutzend Dörfer zugrunde gingen. Gradlon jedenfalls wählte seine neue Residenz weit drinnen im Land, eben in Quimper, und nahm sich einen Berater von untadeligem Lebenswandel, den Bischof Corentin. Nach ihm hieß die Stadt am Zusammenfluß von Odet und Steir bis vor zweihundert Jahren Quimper-Corentin.

Quimper ist trotz einer gewissen Industrieansiedlung, trotz der Ballung der Gebäude in engen Tallagen und zwischen schwer zu führenden Verkehrswegen eine außerordentlich hübsche und anziehende Stadt. Die Odet-Quais sind freundlich, die Altstadt am rechten Ufer hat Charme und Leben, und die umliegenden Hügel leiten schnell über ins grüne Hinterland. Auf dem Odet aber schaffen zahllose kleine und große Boote die Verbindungen in einer besonders malerischen Mündungslandschaft.

Zu Fuß erschließt sich uns ein alter Stadtkern, der seinen Charakter erstaunlich getreu über die Jahrhunderte bewahren konnte. Ruhig sind die engen Gassen an den Ufern des Flüßchens Steir. Aus dem anheimelnden Gewirr der dunklen Dächer und Fachwerkbauten ragen hoch und schlank die beiden Türme der Kathedrale. Sie ist die älteste gotische Domkirche der Bretagne, wurde 1210 nach normannischen Vorbildern begonnen und 1493 endlich vollendet.

Im unerwartet reichhaltigen Stadtmuseum am Domplatz, im Rathaus, findet man neben den Marinemalern noch andere französische, im Ausland jedoch weniger bekannte Talente wie den sinnlichen Chassériau, aber auch Nicolas Lancret, Hubert Robert und etliche andere. In der Rue Gradlon

Eine häufig besuchte Sehenswürdigkeit in der Nähe von Huelgoat: die spätgotische Kirche von Saint-Herbot.

südlich des Doms vereinigt das Départementmuseum bretonische und galloromanische Altertümer, unter denen ein Menhir hochinteressant ist, in den später Gottheiten in Halbreliefs eingehauen wurden. Auch zahlreiche Schätze aus Kirchen, vom Fenster bis zu Grabtafeln, finden sich hier.

Brest

An kaum einem anderen Ort in der Bretagne hat der Zweite Weltkrieg so tiefe Wunden geschlagen wie am alten Marinestützpunkt Brest. Die Innenstadt wurde 1944 dem Erdboden gleichgemacht, als alliierte Truppen Angriffe gegen die von den Deutschen besetzte Hafenfestung flogen. Nur das alte Schloß mit seinen starken Mauern und tiefreichenden Fundamenten ging aus dem Inferno mit einem noch erträglichen Maß an Beschädigungen hervor, so daß es sich uns heute wieder in der vertrauten Kontur präsentiert. Es kann sich sogar mit Resten eines römischen Castrums brüsten, das bis ins Mittelalter noch sichtbar war und erst im 12. Jahrhundert durch einen bretonischen Festungsbau ersetzt wurde. 2000 Jahre lang war hier also die Meeresfestung der Bretagne, deren geschützte Lage sogar die normannischen Seeräuber abschreckte. Aber ebensolange fehlte es auch an tragfähigen Hinterlandverbindungen, fehlte es an einem Fluß wie der Loire, die Nantes zu einer reichen Mittlerstadt zwischen Frankreich und dem Meer werden ließ. So blieb also Brest seiner lokalen Rolle verhaftet.

Armand Duplessis de Richelieu, der Kardinal mit Feldherrnblick, beschloß den Ausbau zu einem großen Kriegshafen für die französische Flotte, und Colbert, der hervorragende Organisator und Finanzminister Ludwigs XIV., führte diese Pläne aus. In jenem 17. Jahrhundert, da es an technischen Hilfsmitteln noch so gut wie völlig

fehlte, mußten die Bauarbeiten von Menschen geleistet werden. Dabei handelte es sich im Zeitalter des Absolutismus in der Regel um Sträflinge. »Le Bagne de Brest«, das Bagno, die Zwangsarbeitersiedlung, erlangte eine traurige Berühmtheit über die Landesgrenzen hinaus. Wurde man im alten Frankreich zur Galeere verurteilt – wozu es zeitweise genügte, Protestant zu sein –, so bedeutete das nicht wie im alten Rom den Platz auf der Ruderbank eines Kriegsschiffs, sondern eine Reihe von mühevollen Jahren als »forçat« , als Kettensträfling. »La grande fatigue« (wörtlich »die große Müdigkeit«), so hießen die Erdarbeiten für den Hafen, die Arbeiten im Wasser, an der Festung, das Rudern der schweren Lastboote. »La petite fatigue« bestand im erträglicheren Innendienst in den Werkstätten oder im Arsenal. Fluchtversuche waren vollkommen sinnlos, denn rings um das Gefängnis lebten Zigeunersippen davon, mit ihrem einmaligen Spürsinn und ihrer Ortskenntnis entsprungene Sträflinge wieder einzufangen.

Eines der beeindruckendsten prähistorischen Denkmäler auf der Ile de Gavrinis im Golf von Morbihan: Der sogenannte Fürstenhügel, der vor 4000 Jahren entstanden sein soll.

24

*Der Dolmen La Roche-aux-Fées süd-
östlich von Rennes gilt als schönstes
Monument der Megalithkultur. Der
Sage nach sollen Feen die überdachte
Steinallee errichtet haben.*

Heute verfügt Brest über einen durchaus be-
achtlichen Handelshafen, doch vorrangige
Bedeutung hat die Stadt als Stützpunkt der
französischen Marine. Einen Besuch verdient übrigens das Musée Municipal, das
französische, italienische und flämische
Gemälde präsentiert.

Das Musée du Vieux Brest befindet sich in
der Tour de la Motte-Tanguy aus dem
16. Jahrhundert, etwas stromabwärts von
der sehenswerten Klappbrücke, die das Zentrum mit dem Vorort Recouvrance verbin-
det. Hier, an der Mündung des Arsenalka-
nals mit dem seltsamen Namen Penfeld in
den Hafen, haben sich zwei altertümliche
Bauten retten können, und in dem Turm
am rechten Ufer fand, als traurig stimmen-
de Sammlung von Erinnerungsstücken, jenes Museum einen einigermaßen passenden Platz. Man sieht, daß es im Bagno bis
zu 4000 Häftlinge gab, und man kann sich
vorstellen, wie Brest in früheren Jahrhunderten aussah, bevor es in einem grausa-
men Krieg seine Vergangenheit verlor.

Saint-Brieuc

Saint-Brieuc liegt 100 Kilometer westlich
von Rennes, 150 Kilometer östlich von
Brest, auf einer kleinen Ebene, die sich in
etwa 100 Meter Höhe als Stadtterrasse zum
bescheidenen Hafen Légué vorschiebt. Hier
landete gegen Ende des 6. Jahrhunderts ein
frommer Kelte aus England, Brieg genannt.
Er war vermutlich bereits Abt eines Klosters
gewesen, denn es folgten ihm zahlreiche
Mönche, die nicht mit den heidnischen
Eroberern der englischen Insel, den Angeln
und Sachsen, leben wollten. Aus dem Namen Brieg wurde Brieuc, und die Einwoh-
ner dieser heute für die Bretagne respekta-
blen Stadt nennt man »les Briochins«.

Wikinger oder Normannen suchten die
junge Siedlung wiederholt heim, was eine
Erklärung dafür sein kann, daß die Kathedrale Saint-Etienne zwei Festungstürme
besitzt. Die Baugeschichte dieser seltsamen
und ehrwürdigen Kirche ist angesichts der
wiederholten Zerstörungen und Brände
noch nicht völlig geklärt, doch dürften zumindest die Basen der Türme auf Guillaume
Pinchon zurückgehen, jenen im 13. Jahrhundert aus kleinsten Kirchenämtern auf-
gestiegenen, in der Stadt unvergessenen
Oberhirten. Er hat Saint-Brieuc heldenhaft
gegen Belagerungen und Banden verteidigt,
die vor den Normannen nach Angers geret-
teten Gebeine Brieucs in die Kathedrale
zurückkehren sehen und das Gotteshaus
selbst aus den Trümmern neu errichtet.

Das heute noch zu sehende Hauptschiff der
Kirche hat der Bischof Guy de Montfort im
14. Jahrhundert errichten lassen, aber die
Religionskriege und die große Revolution
machten weitere Ausbesserungen bis in unser Jahrhundert notwendig.

Der Chor von Saint-Etienne ist deshalb
bemerkenswert, weil er, kurz nach den Zerstörungen durch die Normannen errichtet,
dennoch den anglo-normannischen Baustil

Das 1587 entstandene Triumphtor von Saint-Thégonnec gehört zu den beeindruckendsten Sakralensembles der Bretagne.

der Gegner erkennen läßt. Im voll ausgebauten Chorumgang findet sich in der Apsiskapelle die beim großen Pardon von Saint-Brieuc gefeierte Alabasterstatue der Madonna aus dem 15. Jahrhundert. Für diese Wallfahrt am 31. Mai eines jeden Jahres und die damit verbundene Fackelprozession wurde auf der Place Saint-Pierre die Basilika Notre-Dame de l'Espérance im Stil des 12. Jahrhunderts neu errichtet.

Das ganze Quartier steht bis heute im Zeichen der Gründungslegenden, aber auch eine Reihe alter Häuser machen den Spaziergang in diesem altbretonischen Stadtzentrum sehr lohnend. Von der Rue Notre-Dame zweigt die nicht leicht zu findende Rue Ruffelet ab, in der nicht nur eine heilige Quelle zu sehen ist, sondern auch das winzige Gotteshaus – inzwischen mehrmals wiederaufgebaut –, das einst Brieuc an dieser Stelle auf die Fundamente eines römischen Tempels setzte. Ein Stück weiter zweigt die Rue du Tertre Notre-Dame ab, die in einer weit geschwungenen Biegung zum

Aussichtsplatz, eben dem Tertre Notre-Dame, führt. Von dieser Stelle läßt sich gut erkennen, wie Saint-Brieuc über seinem kleinen Hafen gewachsen ist. Man sieht aber auch, wie sehr sich die lange Zeit kleine Festungsstadt in den letzten Jahrzehnten mit neuen Vierteln umgeben hat, wie viele neue Verkehrsadern sie mit dem Umland verbinden, dessen Mittelpunkt sie durch die Präfektur geworden ist.

Saint-Malo

Wie Brest wurde Saint-Malo in den Invasionskämpfen des Jahres 1944 schwer mitgenommen. Doch präsentiert sich diese Stadt heute glanzvoll rekonstruiert, aber doch eben ein wenig zu neu, zu glatt, zu schön. Die Patina wird wiederkehren, wie sie sich an den übriggebliebenen Türmen und an den erhaltenen Teilen der Stadtmauer gebildet hatte. Die Wohnviertel selbst, die haben sich – wenn man die Sache nüchtern ansieht – wenigstens die Sanierung erspart, die ja doch fällig gewesen wäre. Auch als Tourist darf man nicht vergessen, daß diese alten und schönen Städte nicht zum Betrachten, sondern eben auch zum Leben da sind. Und leben läßt sich's im neuen Saint-Malo zweifellos besser als in den alten Häusern und Gassen, deren Fundamente bis zu 600 Jahre alt waren, eine unverdrängbare Feuchtigkeit in sich aufgenommen hatten und nicht viel mehr Licht in die Zimmer ließen als eine Ladeluke...

Heute begrüßt Saint-Malo den Besucher mit einer stolzen und schönen Silhouette, mit einer langen, homogenen und doch nicht eintönigen Häuserzeile am Hafen, vor der einzelne Schiffe liegen, mit der reizvollen Unterbrechung alter Türme und mit einem beinahe festlichen Eingang durch ein sehr altes Tor. Warum innerhalb der Mauern nicht radikal Fußgängerbereich proklamiert wurde, ist nicht einzusehen, und leider mißachten etliche Touristen die deutliche Aufforderung »Saint-Malo se visite à pied«. Die meisten freilich begreifen, lassen die Wagen an den Quais und geben sich dem Abenteuer hin, das in einer Wanderung auf den Stadtmauern rund um das alte Korsarennest besteht und im Flanieren durch die engen Gassen. Man promeniert also auf den Befestigungen entlang, von denen sich alle 50 Meter ein neuer Blick durch Schießscharten oder über Brüstungen hinweg auf Hafenbecken, auf Nachbarorte und auf vorgelagerte Forts bietet.

Flüchtlinge einer von Piraten zerstörten galloromanischen Stadt siedelten sich im frühen Mittelalter auf dem halbinselförmig vorspringenden und damit gut zu verteidigenden Felsen an, der heute die Ville close, den Altstadtkern, trägt. Ohne Feldbau, ohne Industrie mußten die Menschen vom Meer leben, von der Fischerei, vom Handel, von ihrem Korsarenmut, und sie verstanden es erstaunlich lange, weder den Herzögen der Bretagne noch später den Königen von Frankreich untertan zu sein. Der Monarch Heinrich IV. sogar, einer der besten Feldherren, die je eine Krone trugen, scheiterte an dem wehrhaften Felsennest. Damals, gegen Ende des 16. Jahrhunderts, war die Stadt so mächtig, daß sie mit den anderen Seemächten auf durchaus gleichem Fuß verhandelte, und ihre Bürger genossen Freiheiten, wie wir sie aus der deutschen Hansegeschichte kennen.

Der wahre Aufstieg setzte jedoch ein, als die Hanse bereits im Niedergang begriffen war: Jacques Cartier, dessen Denkmal man beim Rundgang auf der Stadtmauer antrifft, entdeckte im Jahr 1533 Kanada für Saint-Malo und für Frankreich. In der sogenannten Guerre de Course, in den oft heroischen Einzelkämpfen der Korsarenschiffe gegen Briten und Spanier, brachten die Kapitäne aus Saint-Malo insgesamt 3800 Handelsfahrzeuge auf und versenkten 300 gegneri-

sche Kriegsschiffe. Es war zudem lange Zeit Tradition in der französischen Marine, daß auf dem Flaggschiff ausschließlich Matrosen und Offiziere aus Saint-Malo, das heißt Malouins, Dienst taten.

Selbst in schweren Zeiten, im 18. Jahrhundert, als Frankreich etwa durch Marlborough so manche Niederlage hinnehmen mußte, hielt die kleine, aber tapfer verteidigte Stadt Eroberungsversuchen stand und fügte den sonst überlegenen britischen Kräften eine Niederlage nach der anderen zu. Noch unter Napoleon segelten die Korsaren aus Saint-Malo gegen die Briten, aber ihr berühmtester, nämlich Robert Surcouf, lehnte bekanntlich alle Positionen und Ehrungen ab, mit denen Napoleon I. ihn zu seinem Gefolgsmann machen wollte.

Diese Geschichte und was sich in ihr an Traditionen gefestigt hat, ist und bleibt die Verständnisgrundlage für ein kleines, stolzes Gemeinwesen, das Frankreich mehr berühmte Männer geschenkt hat als manch andere, zehnmal so große Stadt. Und wer

Die Figurengruppe auf dem Kalvarienberg von Confort stellt die zwölf Apostel Christi dar.

immer über die gesellschaftsbildende und fortschrittsfördernde Bedeutung von Städten schreiben will, wird hier ein exzellentes Beispiel für die innere wie äußere Kraft einer selbständigen und demokratischen Selbstverwaltung finden. Neben den großen Seefahrern und Entdeckern wie Jacques Cartier, René Duguay-Trouin – auch ihm ist ein Denkmal auf einer Bastion gewidmet –, Robert Surcouf und dem Kolonialpolitiker Bertrand Mahé de La Bourdonnais stehen Wissenschaftler wie Pierre de Maupertuis, Julien de La Mettrie und Vincent de Gournay und Schriftsteller wie Hugues La Mennais oder François-René Chateaubriand – und letzterer sagte auch, daß dieser ganze Segen an Berühmtheiten nicht übel sei für einen Ort, der keine größere Fläche bedecke als der Tuileriengarten ...

Sinnt man all dem ein wenig nach, so geht man schon nachdenklicher auf den Mauern dahin, umrundet die Denkmäler, blickt hinüber ins alte Saint-Servan, das sich malerisch im Süden der Bucht aufbaut, und registriert die kleinen Inselforts draußen im Meer als deutliche Vorwerke einer Festung, die immerhin schon einmal untergegangen und wieder auferstanden ist. Der Rundgang kulminiert im Schloß, das heute einen freundlichen kleinen Badestrand überragt. Das Schloß stammt aus dem 15. Jahrhundert, einer Zeit heftiger Auseinandersetzungen zwischen den Malouins und den Briten, es besitzt aber älteste Teile aus dem späten 14. Jahrhundert und wurde von dem Vauban-Schüler Siméon Garangeau unter Ludwig XV. weiter ausgebaut.

Garangeau ist auch der Mann, der den Stil des Wiederaufbaus am stärksten beeinflußt hat – ohne es zu wollen oder zu wissen natürlich: Man richtete sich einfach nach ihm, weil er die letzten entscheidenden architektonischen Akzente gesetzt hatte. Die Planer verbreiterten auch die Straßen nicht nennenswert, begnügten sich mit verstärk-

tem Lichteinfall in Innenhöfen und zogen sich im ganzen gut aus der betrüblichen Affäre. Das gilt im besonderen für die Kathedrale Saint-Vincent, die nach den Bränden vom August 1944 sogar ihren hohen Turm wieder erhielt. Niemand weiß mit Bestimmtheit zu sagen, wie viele Gotteshäuser aufeinanderfolgten, seit der Mönch Maclovius auf diesem Platz ein erstes kleines Kirchlein errichtete. Da er schon 565 starb und ein Schüler des großen Seefahrers und Apostels Sankt Brandan gewesen sein soll, hatte das Christentum also an dieser Küste schon sehr früh Fuß gefaßt. Zentrum der Mission war allerdings nicht der Felsen des heutigen Saint-Malo, sondern die gegenüberliegende Landspitze von Saint-Servan, die das von den Deutschen 1943 bis 1944 ausgebaute Fort trägt. Dort lag das antike Aleth, und als Bischof von Aleth ist der heilige Malo oder Sankt Maclovius auch in die Kirchengeschichte eingegangen.

811 wurde die Kirche von Saint-Malo von fränkischen Truppen zerstört, was darauf

Vom spätmittelalterlichen Schloß von Grand-Fougeray, das im 18. Jahrhundert geschleift wurde, ist der Donjon erhalten geblieben.

Auf der Plattform des Leuchtturms von Saint-Mathieu: »Am Ende der Welt« heißt dieser Küstenabschnitt im Südwesten der Bretagne.

so mancher der weit in die See hinausragenden Landzungen wie Crozon oder Sizun fühlt man sich schon beinahe im Ozean und inmitten der Wellen und nicht mehr auf dem Festlandsockel, so solide der Granit auch ist. Es konnte nicht ausbleiben, daß die See in ihrem langen Wüten Landstriche umspülte und schließlich verschlang. Doch gibt es für die Entstehung der Inseln noch zwei weitere Gründe. Zum einen kam es nach der letzten Eiszeit zu einer nennenswerten Erhöhung des Meeresspiegels. Zum anderen sank der ganze Landstrich vor vielen tausend Jahren ins Meer hinab. Es gab also Zeiten, in denen man trockenen Fußes nach Ouessant wandern konnte.

Für die großen Eilande gilt, daß jedes seine Persönlichkeit hat: Das düstere Ouessant, die heroische Ile de Sein, die verführerische Belle-Ile, um von den kleineren zu schweigen, die ganz gewiß auch ihre Liebhaber haben, wie Batz, Bréhat, Groix und Glénan ...

schließen läßt, daß die Siedlung sich schon damals gegen jede Obrigkeit zur Wehr setzte. Vom romanischen Bau sind Hauptschiff und eine Vierung erhalten geblieben, sie dürften an die 800 Jahre alt sein; die Viereckpfeiler des Kirchenschiffs werden sogar für noch älter gehalten. Das 15. Jahrhundert fügte den Turm hinzu, und auch das 16. Jahrhundert brachte Ergänzungen im Stil der Hochgotik und der Renaissance.

Wie stets nach großen Zerstörungen bot sich auch hier die Möglichkeit, in die Fundamente zu graben und beim Wiederaufbau auch ein wenig Baugeschichte zu studieren. Einige Arkaden eines romanischen Klosterbaus wurden gefunden und sogar der Steinsarg des Bischofs Jean de Châtillon, der der erste Bauherr der Kathedrale war.

Die Inseln

Die Bretagneküste ist an vielen Abschnitten, vor allem jedoch im Westen, vom Meer aufgerissen, ja zerschlagen worden, und auf

Belle-Ile

Belle-Ile ist eine Schönheit, der die Zeit nichts anhaben konnte. Im Musée d'Orsay in Paris hängen drei Gemälde von Edouard Manet, die ihre Côte Sauvage darstellen; sie sprechen nicht von einer unwiederbringlichen Vergangenheit, sie sind Gegenwart.

In den Sommermonaten herrscht ein reger Schiffsverkehr zwischen dem Hafenort Quiberon auf dem Festland und Belle-Ile. Doch sollte man den Monat August meiden, wenn man den größten der bretonischen Vorposten nicht ausschließlich zu Zelt- und Badeferien zu besuchen beabsichtigt, sondern dem beständigen Rauschen von Wasser und Wind und dem Geschrei der Möwen lauschen will, wenn man zwischen Ginster und Heidekraut auf einsamen langen Wegen von Bucht zu Bucht wandern möchte, wie es bereits Flaubert, Daudet, Gide, Colette und viele andere taten.

Die erste Adresse im schicken Badeort La Baule ist das Luxushotel »Hermitage« an der Esplanade François-André.

Außerhalb der Hochsaison fahren nur drei oder vier große Boote täglich, im Winter verkehrt manchmal nur ein einziges. Jede Ankunft in Le Palais, der kleinen Hauptstadt, ist ein Ereignis: Von ferne sieht der Ort wie ein weißer, ruhender Punkt aus. Je näher man herankommt, desto deutlicher erkennt man die kleinen Hotels, die Fischerboote, den Quai, die lebhaft bunte Menge, die auf die Fähre wartet. Bei einem kurzen Aufenthalt läßt man seinen Wagen am besten in Quiberon stehen und leiht sich ein Fahrzeug bei den »Cars verts« oder den »Cars bleus« in Le Palais aus – die Preise sind niedriger als auf dem Festland. Auch Fahrräder stehen zur Verfügung.

Aber bevor der Besucher die Besichtigungstour startet, sollte er einen Rundgang durch den Ort selbst machen. Marcel Proust und Reynaldo Hahn sind hier 1895 angekommen und im »Hôtel Atlantique« – das nur im Sommer geöffnet ist – abgestiegen. Der berühmteste Gast der Insel aber war die große Tragödin Sarah Bernhardt, die von der Schönheit der Landschaft so begeistert war, daß sie 40 Jahre lang jeden Sommer wiederkam. In dem sehr sehenswerten Museum, das in der Festung hoch über dem Ort untergebracht ist, liegen eine Reihe von Bildern und Dokumenten aus, welche Sarah im Kreise ihrer zahlreichen Freunde auf Belle-Ile zeigen.

Im Nordwesten liegt ein beliebtes Ausflugsziel, die Grotte de l'Apothicairerie (Apothekengrotte). Der Name hat eine kleine Geschichte: Als die Stelle noch wenig besucht war, bauten dort die Seemöwen ihre Nester in so regelmäßiger Anordnung, daß man zur Brutzeit den Eindruck hatte, vor weißen Behältern auf den Regalen einer Apotheke zu stehen. Im Jahr 1901 wurde in unmittelbarer Nähe ein Hotel gebaut, das damals großes Aufsehen erregte, denn es zeigte einen ungewöhnlichen Stil: Ein flaches Dach, das auf Säulen ruht – man glaubte sich in Marokko und hat sich bis heute mit dem Bau nicht so recht anfreunden können. Nach der Abfahrt des letzten Schiffes zum Festland, gegen 18 Uhr, wird es hier still und einsam; dann glitzert der Mond über der weiten Wasserfläche, an deren anderem Ende Amerika liegt.

Ein Fußweg führt von der Grotte zur Pointe des Poulains. Hier entdeckte die Bernhardt bei ihrem ersten Besuch ein ausgedientes Fort, das zum Verkauf stand. Zwei Jahre später hatte sie es zu einer luxuriösen Sommerbehausung ausbauen lassen, mit Badezimmer und orientalischen Möbeln. Das Panorama, das sich von hier bietet und an die Pointe du Raz erinnert, mag die rechte Kulisse gewesen sein für die Frau, deren Schönheit und Genie die Welt begeisterten. Von der Landspitze, die bei Hochwasser vollkommen von der übrigen Insel getrennt ist, fährt man durch das Inselinnere bis zur Plage du Donnant, einer der schönsten Buchten, die man sich denken kann, aber auch einer der gefährlichsten. Das Baden ist hier riskant, selbst für den geübten Schwimmer; man wählt statt dessen lieber eine der zahllosen kleinen Sandbuchten oder die östlich gelegenen Grands Sables, wo der Ozean friedlich heranplätschert und man stundenlang einsam am Strand liegen und träumen kann.

Auf die Plage du Donnant folgt Port de Goulphar, der charmante kleine Hafenort liegt an einer zersplitterten Felsenküste. Heute erheben sich hier zwei Luxushotels, die dem Gast ganzjährig jede nur wünschenswerte Bequemlichkeit bieten, vom geheizten Meerwasserschwimmbecken bis zum Segel- und Motorflugplatz.

Schließlich sollte man es nicht versäumen, bis zu dem kleinen Ort mit dem verlockenden Namen Locmaria vorzudringen, dem entlegensten Dorf auf der Insel, das vor sich hin zu schlafen scheint. Es hat keine Hotels, aber zwei Bistros, in denen man billig und gut riesige Sandwiches verzehren kann, wobei man die Zeit vergißt und vieles andere auch. Durch die Felder gelangt man zu stillen Wiesenplätzen, sieht sich von blauen Disteln und gelbem Ginster umgeben und taucht in eine vollendete Symphonie von Farben und eine Harmonie der Elemente ein, wie dies selbst in der Bretagne nur noch an ganz wenigen Orten zu finden ist.

Ile de Sein

Es gehört zu dem ganz besonderen Reiz der Bretagne, daß Süd- und Nordküste dem Besucher so unterschiedliche Eindrücke darbieten und daß dazwischen das kühne Kapland Finistère liegt mit der absurden Fortsetzung seiner Riffreihe und der Ile de Sein, die, läge sie irgendwo sonst auf der Welt, gewiß unbesiedelt geblieben wäre. Daß ihre bedrohlich niedrige, stets gefährdete Felsenplatte mitten in einer gefährlichen, stürmischen, von Strömungen zerfurchten Unterwasserlandschaft dennoch

seit alters bewohnt ist, hat seine Ursache darin, daß die Menschen es letztlich lieber mit Meer und Stürmen aufnahmen als mit Soldaten, Steuereinnehmern und Marodeuren. Ein Besuch dieses kleinen Stückes Land, das vor der Pointe du Raz flach im Meer liegt als ein weißer Strich am Horizont, ist ein Ausflug in eine andere Welt.

Die Ile de Sein gilt als der Ort Europas, an dem sich das Heidentum am längsten gehalten hat – noch im 17. Jahrhundert soll hier der Mond angebetet worden sein. Die Menschen lebten ganz dem Meer zugewandt: Sie fischten in den reichsten Gründen, die sich denken lassen, und sie plünderten die Schiffe, die in dem grausigen Rechen der Riffe zwischen der Pointe du Raz und der Insel scheiterten. In allen älteren Häusern finden sich Gegenstände von untergegangenen Seglern, und das Mobiliar bestand bis an die Schwelle unseres Jahrhunderts fast ausschließlich aus Beutegut oder war aus Bootsholz verfertigt – Dinge, die wohl noch vorhanden sind, die aber

Die Bretagne ist ein Land der Pferde. In vielen Orten kann man sich Pferde für einen Ausritt – wie hier am Strand von La Baule – stundenweise mieten.

31

Die Natur als kühner Architekt: Eine bizarre Steinformation an der Côte de Granit Rose.

ungern gezeigt werden, weil die Menschen sich begreiflicherweise nicht an diese Phase gottloser und räuberischer Existenz erinnern lassen möchten.

Einige mutige Jesuitenpatres wie zum Beispiel Don Michel de Nobletz (1577–1654) und die geduldige Arbeit des Rektors François Guiecher, der viele Jahre auf der Insel lebte und Ar Sun genannt wurde, vollbrachten das Wunder, diese letzten Heiden nach und nach zu einer tugendhaften christlichen Lebensführung zu bewegen.

Zuwanderer vom Cap Sizun wurden aufgenommen und bildeten fortan ein friedliches, glaubenstreues Element unter der Bevölkerung, die vom Strandraub zum Sammeln des angeschwemmten Strandguts überging und von den ertragreichen Fischzügen nicht schlecht lebte. Nur die Sturmfluten, die ein- bis zweimal in jedem Jahrhundert die an ihrer höchsten Stelle nur acht Meter über den Flutstand aufragende Insel heimsuchten, vernichteten immer wieder alten Baubestand und sind auch die

Ursache dafür, daß sich die Häuser heute weiß und reinlich präsentieren, nicht mittelalterlich-düster. Die Straßen allerdings sind schmal geblieben, einmal, weil der Grund hier so knapp ist wie nirgendwo sonst, zum andern aber, weil man im immerzu wehenden Wind in breiten Avenuen gar nicht spazieren könnte. So drängt sich auch der Fremde zwischen den Häusern in Gäßchen, die nach ein paar Schritten alle an einem Quai oder Strand enden, und rundherum ist das unendliche Meer, das diese kleine Enklave der Menschen nur widerwillig duldet.

Nach den schweren Überflutungen in den Jahren 1896 und 1897 mußte auch die Kirche neu errichtet werden. Sie ist also keines jener alten Gotteshäuser, in denen Votivgaben an die frühe Seefahrt erinnern und Schiffsmodelle von der Decke hängen, sondern wurde erst 1902 vom Bischof von Léon geweiht, nach Jahren heroischer Anstrengungen beim Bau: Die Frauen waren es, die auf den Köpfen Stein um Stein vom Hafen auf den Kirchenhügel trugen, während die Männer auf dem Meer für den Lebensunterhalt sorgten.

Nicht weniger eindrucksvoll sind die Leuchttürme, von denen einer in vieljährigem Ringen mit der See auf einem Riff errichtet wurde, das nur bei Ebbe aus dem Wasser ragt. Hier helfen nun seine Warnzeichen, den grausigen Raz de Sein zu vermeiden, die Meeresstraße zwischen Insel und Pointe du Raz, in der eine schnelle Strömung die Schiffe in die Klippen zieht.

Ein anderer Turm wurde im Nordteil der Doppelinsel errichtet. Das Bauwerk trägt den Namen Men-Brial und ragt unmittelbar in der Nähe der Gadorfelsen auf, die nach der Überlieferung jene Orte waren, an denen die Seherinnen der alten Kelten ihre mystischen Orakel sprachen – eine von ihnen hat Chateaubriand unter dem Namen Velleda unsterblich gemacht.

In unserem Jahrhundert war das Schicksal der Insel weniger romantisch. Als 1940 die Bretagne von deutschen Truppen besetzt wurde, gingen die Männer der Ile de Sein – damals 144 an der Zahl – in ihre Boote und setzten nach England über, um sich de Gaulle zur Verfügung zu stellen. 36 kehrten nie wieder nach Hause zurück. Nach dem Krieg erwiesen sich die erfahrenen Fischer des alten Enez-Sizun als die tüchtigsten und mutigsten Rettungsboot-Besatzungen, die inzwischen einigen hundert Menschen aus Sturmnot und Schiffbruch halfen.

Das im Sommer so freundliche, mit kleinen Gärten und hübschen Cafés aufwartende Eiland läßt von all der fernen und nahen Vergangenheit nur noch vage Erinnerungen aufkommen. Auf den Quais spielen frische und muntere Kinder, gesund von Sonne und Wind, frei, weil man sie unbesorgt laufen läßt – es gibt nicht ein einziges Auto auf der Insel, nicht einmal Mopeds.

Ile d'Ouessant

Ouessant ist eine jener Inseln, auf denen man sich, endlich angekommen, fröstelnd im Wind dreht und sich ernüchtert die Frage stellt, warum zum Teufel man sich diesen Ausflug denn eingebildet habe. Man schlürft mißmutig die Fischsuppe und trinkt etwas zu viel Wein, um sich anzuwärmen und um ganz sicher zu schlafen. Aber man erwacht von einer Sonne, die sich in weißen Wogenkämmen bricht, die auf dem Meer glitzert und das flache braungrüne Eiland urplötzlich als ein kleines, feuchtes Paradies erscheinen läßt, gebadet von der herrlichsten Luft, die man sich vorstellen kann, und in einem Frieden ruhend, den es anderswo nicht mehr gibt. Und so, wie man abends zuvor nicht wußte, warum man hergekommen sei, weiß man nun nicht, wie man sich von Ouessant trennen soll. Wie eine große Krabbe liegt die Insel im Meer,

das ihr tiefe Wunden geschlagen hat. Der intakt gebliebene Kern mißt etwa drei mal drei Kilometer, streckt aber schmale Arme nach Westen aus. An der Westspitze liegen die Kirche von Notre-Dame-de-Bon-Voyage und der Leuchtturm von Créac'h, in der Mitte das Inseldorf Lampaul und im Osten der Leuchtturm von Stiff über der gleichnamigen Bucht, in der die Schiffe anlegen, die vom Festland hierherkommen. Seit einigen Jahren gibt es auch einen kleinen Flugplatz bei dem Weiler Penn-Arlan, so daß die vorsichtige Warnung älterer Reiseführer, Ouessant sei als Ausflug lediglich seefesten Touristen zu empfehlen, inzwischen ihren Schrecken verloren hat. Neben dem regelmäßigen Fährverkehr Brest – Le Conquet – Ile Molène – Ouessant gibt es jetzt Luftkissenboote, die jedoch ebenfalls recht bedenkliche Sprünge auf den Wellen vollführen, und eben die Kleinflugzeuge. Zu ihnen kommen sogar noch Hubschrauber für Notfälle, da die Insel zwar einen Arzt, aber keine Klinik besitzt.

Die ungezähmte Wildheit der Küste in der Bretagne, wie hier an der Côte de Granit Rose, macht für viele den großen Reiz der Halbinsel aus.

Brandungsfischer in der Abenddämmerung: Nicht nur angesichts des Mont Saint-Michel ein stimmungsvolles Erlebnis.

Das Stück Land ist ein Erlebnis: Man begegnet Island vor Frankreichs Küsten. Die höchsten Januartemperaturen von ganz Frankreich herrschen hier, dafür aber gibt es »le miz du«, den schwarzen Monat November, mit schweren Stürmen, die manchmal zehn Tage hindurch toben.

»Qui voit Ouessant, voit son sang«, wer Ouessant zu sehen bekommt, sieht sein Blut, sagen die Bretonen nicht sehr kunstvoll, aber dafür um so treffender. Ist schon die Aber-Küste von Denkmälern geziert zur Erinnerung an hier zugrunde gegangene Schiffe und Menschen, so läßt sich die Zahl der Katastrophen in den von Riffen gespickten Gewässern um die Insel nicht mehr angeben, und in der reißenden Strömung ist auch der gute Schwimmer verloren.

Bei Ouessant wurde jene antike Goldmünze gefunden, die als Hauptbeweis für die England- und Norwegenreise des Pytheas von Massilia um 330 v. Chr. gilt.

Mont Saint-Michel

Im Mai des Jahres 709 wurde die Bretagne von einem ungeheuren Erdbeben erschüttert, und eine gewaltige Flutwelle brach zwischen Saint-Malo und Avranches gegen das Land vor. Damals wurde die Küstenlinie bis zu 30 Kilometer landeinwärts verlegt, und zu den begrabenen, unter Sand und Flut versunkenen Gebieten gehörte auch der Wald von Sessiacum, in dessen Mitte sich der Felsen des späteren Klosters erhob. Die drei markanten Erhebungen der Gegend – der heutige Klosterberg, der Mont-Dol und das Riff von Tombelaine – trugen in keltischer und vermutlich auch in römischer Zeit Heiligtümer, galten den christlichen Bewohnern der Landschaft daher lange als unheilige und verrufene Orte. Erst 708 entschloß sich Aubert, der zweite Bischof von Avranches, auf dem Felsen von Sessiacum eine Kapelle errichten zu lassen,

und als wenige Monate später der Wald mit seinem Umland in den Fluten versank, da war es dieses Kirchlein, das der Geistliche von der Terrasse der Stadt Avranches aus die Fluten überragen sah. Der Bau im Morgenlicht nach der Katastrophennacht, ein kleines Gotteshaus inmitten ungeheurer Verwüstungen, das mußte ein gläubiger Mann für einen Fingerzeig Gottes nehmen, und so kam zu der Kapelle das erste Kloster auf den meerumspülten Felsen. Tombelaine soll schon 100 Jahre zuvor ein Kloster getragen haben, und auch der Mont-Dol erhielt nach der Flut ein kleines Heiligtum.

Die Entstehung der christlichen Bauwerke auf heidnischen Kultstätten und aus dem Chaos einer Erdbeben- und Sturmflutnacht hat den Mont Saint-Michel und seine weniger bekannten Nachbarfelsen vom ersten Augenblick an mit einer mythischen Aura umgeben und mit einem ganzen Kranz von Legenden, der für sich genommen schon ein Buch füllen würde.

Wer sich in dieses gewiß reizvolle Gespinst versenken will, tut gut daran, sich auf dem Mont Saint-Michel selbst einzumieten. Im Dorf zu Füßen der Klosterbauten sind die Unterkünfte zwar etwas teurer und die Zimmer rarer als etwa im Hotelstädtchen Pontorson, doch nur hier kann man, von den Büchern aufblickend oder beim nächtlichen Erwachen, die Flut mit atemberaubender Geschwindigkeit in die flache Bucht hereinschießen sehen.

Sind Legenden auch keine Geschichte, ist die örtliche Tradition vom Erdbeben und vom versunkenen Wald auch geologisch noch nicht völlig abgesichert, so sind es doch diese alten Erzählungen, aus denen der Zeithintergrund, auf dem wir uns die Entstehung des einzigartigen Klosters denken müssen, mühelos deutlich und gut erfaßbar wird. Die Felsen waren uralt, das Christentum jung, und die Begegnung, deren steinerne Zeugnisse wir vor uns sehen,

vollzog sich in dem großartigsten Rahmen, der sich denken läßt – zwischen Ebbe und Flut, zwischen den geheimnisvollen Nebeln über der Bucht und der himmlisch-milden Sonne, die die Klostergebäude erleuchtete wie der Gnadenstrahl Gottes.

Kaum hat man Pontorson in Richtung Norden verlassen, hebt sich schon die bekannte Silhouette des Klosters über Straße und Bäumen verheißungsvoll in den Himmel, und ehe man sich's versieht, ist man schon auf dem Damm, der durch die Marschwiesen auf die Insel zu führt. Die mächtigen Mauern, die der Besucher in drei Toren durchschreitet, zeugen noch heute von der Doppelrolle der Abtei als Wallfahrtsort und als Festung. Einmal saßen die Engländer dahinter und die Franzosen belagerten, dann war es umgekehrt, und die Briten ersannen die verrücktesten Stückchen, um auf heimlichen Wegen auf den Mont zu gelangen. Danach kam die düstere Periode, in der auf der Insel Staatsgefangene untergebracht und gefoltert wurden. Im Jahr 1790 wurde im Verlauf der Französischen Revolution das Kloster aufgehoben, 1863 hörte der Mont Saint-Michel dann auf, Gefängnis zu sein, und seit mehr als 100 Jahren ist er

Über die Wattlandschaft geht der Blick zum Kloster Mont Saint-Michel. Bei Flut wird die Insel, die über einen Damm mit dem Festland verbunden ist, vom Wasser umspült.

nur noch Sehenswürdigkeit in staatlichem Besitz, Klosterfestung unter Denkmalschutz, die jährlich Tausende von Touristen zu ihren Besuchern zählt.

Die außerordentliche Lage des Komplexes hat sich naturgemäß auch in der Baugeschichte niedergeschlagen. Die Mönche waren genötigt, im Lauf der Jahrhunderte Schicht um Schicht übereinander zu errichten, wobei jeder vorhergehende Abschnitt lebendig blieb und erhalten werden mußte als Verbindung zu den neuen darüberliegenden Komplexen. Äußerlich ein himmelstürmendes Kloster, ist der Mont darum innen eine Art Fuchsbau, und es gibt niemanden mehr, der all die Kasematten und Verliese, die Keller, Gänge und Treppen, die Stollen und Schächte vollständig kennen und zuordnen könnte.

Es begann mit einem karolingischen Bau, auf den seit 1017 die romanische Abtei gesetzt wurde, so daß die alte Kirche fortan Notre-Dame-sous-Terre hieß und als Krypta benützt wurde. Um dem neuen und größeren Kirchenbau erweiterte Fundamente zu geben, mußten jedoch auch neue Krypten geschaffen werden, und diese ragen seitdem über die Felsensilhouette hinaus.

200 Jahre darauf begann der Bau der gotischen Abtei mit der bewundernswerten Schöpfung der von Anfang an auf Repräsentation berechneten Gebäude des Merveille-Komplexes (1211–1228). Ihnen entsprechen im Süden die schlichteren, auf lange Zeit geplanten Gebäude der Verwaltungstrakte, in denen auch die Privatgemächer des Abtes lagen – der in der Regel mehr Offizier als Mönch war –, und die Kasernenräume. Diese Bauten zogen sich in ihrer Entstehung vom 13. bis zum 15. Jahrhundert hin, weil die kriegerischen Ereignisse den Ausbau der Festungsanlagen als dringender notwendig erscheinen ließen. Überhaupt scheint man auf dem wehrhaften Klosterberg so gut wie ständig gebaut zu haben, und wenn es nicht die feindliche Artillerie war, die Zerstörungen verursachte, so waren es die Fluten, die nicht selten die untersten Bollwerke erreichten und über die Porte de l'Avancée in den ummauerten Bereich eindrangen. Oder es brach ein Brand aus wie jener des Jahres 1203, der fürchterliche Verheerungen anrichtete.

Die Gotik der Abteikirche und auch der Merveille-Gebäude ist nicht bretonisch, sondern normannisch, und wenn es stimmt, daß der Couesnonfluß als Grenze zwischen Normandie und Bretagne anzusehen ist, hätte der Mont Saint-Michel in diesem Buch eigenlich nichts zu suchen. Doch wird der Reisende, der hier unterwegs ist, diese hochrangige Sehenswürdigkeit im Grenzbereich mit Sicherheit nicht auslassen. Und ob der Stil auch normannisch ist, die spröde Schönheit dieses Klosters, das im Morgenlicht wie ein nebelumwalltes Schlachtschiff vor der Küste liegt, hat zweifellos eine bretonische Seele.

Schickt das nahe britische Regenland sehr zur Unzeit Wolken gegen die Burg des Erzengels, ist das durchaus kein Grund zur Verzweiflung, ja man muß sich nicht einmal mit den 25 000 alten Ührchen und Uhrenteilchen trösten, wie sie im Musée historique gezeigt werden: Daneben stehen Wachsfiguren, die freilich erst zu uns sprechen, wenn wir die Dioramen studiert und uns einige Kenntnisse aus der Geschichte der heiligen Insel erworben haben. Vor allem aber gibt es die Kirchen, das Refektorium, die anderen Säle wie etwa den der Garden und, außerhalb der Saison gezeigt, die Kellerräume und die schauerlichen Verliese. Im schwachen Regenlicht über der Bucht gewinnt dies alles einen anderen, den zweiten Aspekt des Mont Saint-Michel, die graue und einförmige Düsternis einer langen und schweren Vergangenheit, in der die sorglosen Tage selten waren und die Gefahren niemals schwanden.

*Mit seinen schilfgedeck-
ten Bauernhäusern
ist Ile de Fédrun der
reizvollste Ort im
Naturpark von Brière.
An dem Kanal, der das
Dorf umschließt, besitzt
jeder Bewohner eine An-
legestelle für seine Bar-
ke, die hier übliches
Fortbewegungsmittel ist.*

Das Örtchen Kerhinet
im Naturpark Brière ist
heute ein Museumsdorf,
in dem man neben den
typischen alten Häusern
auch die früher benutz-
ten Arbeitsgeräte und
Gebrauchsgegenstände
besichtigen kann.

*Château de la Bretesche
bei Pontchâteau liegt
inmitten eines großzügi-
gen Parks an einer aus-
gedehnten Lagune. Der
Bau aus dem Mittelalter
wurde mindestens zwei-
mal zerstört und wieder
aufgebaut; heute wird er
als Hotel genutzt.*

*Das Hafenbecken von
Le Croisic säumt eine
lebhafte Geschäfts-
straße. Einige der anlie-
genden Gebäude stam-
men noch aus dem
15. Jahrhundert. Das
kleine Lagunenstädt-
chen an der Spitze der
Halbinsel Grande Brière
war einer der Lieblings-
orte des romantischen
Dichters Alfred de
Musset (1810 –1857).*

40

Die galloromanische frühchristliche Kapelle von Langon, unter deren Fresken man heidnische Wandmalereien entdeckte, ist der heiligen Agathe geweiht.

»La Roche-aux-Fées« bei La-Guerche-de-Bretagne ist einer der eindrucksvollsten Dolmen Frankreichs: Auf einer Länge von 22 Metern sind hier mehr als 40 große Schieferblöcke zu einer monumentalen Grabkammer zusammengesetzt worden.

Château de Suscinio
liegt auf der Rhuys-
Halbinsel, die den Golf
von Morbihan vom
Ozean trennt. Im frühen
13. Jahrhundert war die
Festung eine Residenz
der bretonischen Herzö-
ge, die hinter den mäch-
tigen Mauern bei Gefahr
Zuflucht fanden.

Vannes in der südlichen
Bretagne blieb im
Zweiten Weltkrieg weit-
gehend von Zerstörun-
gen verschont und bietet
deshalb das malerische
Bild einer Stadt mit
Festungstürmen, Toren
und Bauwerken aus roh
behauenem Granit. Im
Bildvordergrund ist das
schiefergedeckte alte
Waschhaus zu sehen,
dahinter ein Teil der
Stadtmauer.

*Vom Jachthafen der
Stadt Vannes, die
in geschützter Lage
am Golf von Morbihan
liegt, fällt der Blick
auf die Kathedrale
Saint-Pierre.*

*Die Herren des Château
Turpeau, das im Jahr
1904 erbaut wurde,
wählten einen dramati-
schen Standort für ihren
Wohnsitz: die sturm-
umtoste »Wilde
Küste« auf der Halb-
insel Quiberon.*

Nicht nur Paris und
Mailand haben ihre
Einkaufspassagen: La
Pommeraye in Nantes
bietet sich mit viel
Stuck und reich verzier-
ten Laternen für einen
Einkauf in nostalgischer
Atmosphäre an. Die
Arkade ist im Jahr 1843
entstanden.

Im südlichen Querhaus
der Kathedrale Saint-
Pierre-et-Saint-Paul zu
Nantes befindet sich das
Grabmal von Herzog
Franz II. und Margarete
von Foix. Anne de Bre-
tagne ließ die Gedenk-
stätte für ihre Eltern zu
Beginn des 16. Jahrhun-
derts von dem bretoni-
schen Bildhauer Michel
Colombe anfertigen.

Die Brasserie »La Cigale« befindet sich an der Place Graslin in Nantes. Wegen des originalen Belle-Époque-Interieurs stehen die Räume heute unter Denkmalschutz.

Die Place Graslin, aufgenommen durch die Säulen des Theaters von Nantes, das im Jahr 1783 erbaut wurde.

Der Justizpalast von Rennes wurde im 17. Jahrhundert als Tagungsort des bretonischen Parlaments errichtet. Die Volksvertreter erließen damals eine Getränkesteuer, um die Finanzierung des Gebäudes zu ermöglichen.

Im Jahr 1720 legte eine Feuersbrunst große Teile des mittelalterlichen Rennes in Schutt und Asche. An einigen Stellen erinnern aber noch heute Fachwerkfassaden an das einstige Gesicht der Stadt.

*Die ehemalige Zister-
zienserabtei Meilleraye
wurde im 12. Jahrhun-
dert gegründet. Seit
1817 bewirtschaften
Trappisten die Anlage.
Die Anhänger dieses
Reformzweigs der
Zisterzienser haben sich
einem strengen und
enthaltsamen Lebensstil
verschrieben.*

Rochefort-en-Terre ist
eine der kleinen hüb-
schen Städte im Hinter-
land der Bretagne.
Im Herzen des Ortes
steht die Kirche Notre-
Dame-de-la-Tronchaye,
deren älteste Teile
aus dem 12. Jahrhun-
dert stammen.

Nachfolgende
Doppelseite:
Vitré, einst eine Grenz-
festung der Bretagne,
gehört zu den altertüm-
lichsten Städten der
Halbinsel. Auf einer
Anhöhe thront die
romantisch anmutende
»Ville close«, die von
einem Mauerring um-
geben ist.

*Die Steinallee von
Kerzerho, eine ein-
drucksvolle Megalith-
formation am Ortsrand
von Erdeven, besteht
aus nicht weniger
als 1129 Menhiren.*

*Die Burg Ranrouët auf
der Brière-Halbinsel
beeindruckt selbst noch
als Ruine. Ludwig XIII.
ließ das Bauwerk aus
dem 12. Jahrhundert im
17. Jahrhundert
schleifen.*

Das berühmte Felsentor
an der Côte Sauvage der
Halbinsel Quiberon, die
sich südlich der Pointe
du Percho erstreckt.
Baden kann man an
dieser Küste wegen der
starken Brandung und
der kräftigen Strömun-
gen allerdings nicht.

Erst im Nebel oder
Mondlicht gewinnen die
Steinsetzungen von
Carnac ihre mythische
Aura. Das Bild zeigt
die Alignements von
Kermario, die insgesamt
über 1000 Menhire
umfassen.

*Der Große Pardon von
Sainte-Anne-d'Auray
am 26. Juli ist nur eine
von zahlreichen Wall-
fahrten, die jährlich
zwischen März und
Oktober in der Bretagne
stattfinden (beide
Abbildungen). Ziel der
feierlichen Prozession
ist die Kirche, die im
19. Jahrhundert im
Renaissancestil errichtet
wurde (rechts).*

Bei der sogenannten
Apothekengrotte auf
Belle-Ile handelt es sich
eigentlich um einen
langen Tunnel mit zwei
Öffnungen zum Meer.
Ihren seltsamen Namen
verdankt die Grotte den
zahlreichen Vogel-
nestern, die wie Apothe-
kertöpfe direkt unter der
Höhlendecke hängen.

Sonnenuntergang auf
Belle-Ile: Die Nadelriffe
von Port-Coton an der
Westküste der Insel
stecken häufig wie in
Watte im feinen Schleier
der weiß aufschäumen-
den Gischt.

63

Die Fähren vom Festland zur Belle-Ile landen in dem lebhaften Hafenort Le Palais (beide Abbildungen), wo viele Jachten und Fischerboote vor Anker liegen. Die Zitadelle aus dem 16. Jahrhundert beherbergt heute ein historisches Museum (im Bild oben rechts).

Im Inneren der Chapelle Notre-Dame-de-la-Clarté in Baud, das etwa 30 Kilometer von Lorient entfernt liegt. Die aus dem 16. Jahrhundert stammende Wallfahrtskapelle wird oft von Kranken mit Augenleiden aufgesucht, die hier um Heilung beten.

Das mächtige Schloß Josselin am Flüßchen Oust ist seit Jahrhunderten im Besitz der Familie Rohan, die in der Geschichte Frankreichs und der Bretagne eine bedeutende Rolle spielte. In den ehemaligen Stallungen des Schlosses ist heute ein Puppenmuseum untergebracht.

Die kleine gotische
Kapelle Saint-Fiacre
liegt an der Straße von
Le Faouët nach Quim-
perlé. Berühmt wurde
der Bau aus dem
15. Jahrhundert wegen
seines besonders
schönen Giebelglocken-
turms. An jedem vierten
Sonntag im August ist
das Kirchlein Ziel einer
Wallfahrt.

Die Kapelle Saint-Nico-
dème in der Umgebung
von Pontivy wird von
einem 46 Meter hohen
Granitturm überragt.
Eine Holztreppe, die wie
der restliche Bau aus
dem 16. Jahrhundert
stammt, führt zu einer
Aussichtsplattform in
der Spitze des Turmes.

Die Ursprünge von
Schloß Kerazan im Süd-
westen der Bretagne
gehen auf das 16. Jahr-
hundert zurück; das
Gebäude befindet sich
heute in staatlichem
Besitz und beherbergt
ein Museum für moder-
ne Malerei. Zu sehen
sind hier unter anderem
Werke der Künstler
Maurice Denis und
Charles Cottet.

Ausgedehnte Weiden bestimmen das Bild der Landschaft bei Fouesnant in der Nähe von Quimper. Viehwirtschaft und Obstanbau sind die wirtschaftlichen Standbeine dieser Region, die für ihren Cidre bekannt ist.

Der Calvaire von
Tronoën im Süden des
Finistère ist mit seiner
eindrucksvollen Figuren-
reihe einer der berühm-
testen auf der ganzen
Halbinsel. Das Granit-
monument entstand in
der zweiten Hälfte des
15. Jahrhunderts und
gehört damit zu den
ältesten seiner Art in der
Bretagne.

Die Kapelle Saint-Tugen bei Audierne, die teils aus dem 16., teils aus dem 17. Jahrhundert stammt, war früher das Ziel großer Wallfahrten.

Die Chapelle Saint-Guy in Languidou bei Tréogat: Ihre malerische Ruine konnte bis jetzt noch nicht verläßlich datiert werden. Es dürfte sich aber um die Reste eines Gotteshauses aus dem 13. Jahrhundert handeln.

Die Bretonen sind sehr traditionsbewußt. Nicht nur zu den berühmten Wallfahrten (links) tragen Frauen und Männer die historischen Trachten, auch bei zahlreichen gesellschaftlichen Veranstaltungen erscheinen sie in traditioneller Kleidung: Tanzveranstaltung in Quimperlé (oben).

Concarneau in der süd-
westlichen Bretagne ist
neben Lorient einer der
größten Fischereihäfen
Frankreichs. Viele Be-
wohner der Stadt haben
sich auf Thunfischfang
spezialisiert, man erhält
hier aber auch frische
Sardinen, Seezungen
und Goldbrassen.

Morgendlicher Plausch in Douarnenez, einem der lebhaftesten Hafenorte in der Bretagne.

Douarnenez liegt an einer tief eingeschnittenen Bucht der Halbinsel Sizun. Berühmt ist der Ort mit der verwinkelten Altstadt für die Langusten, die hier angelandet werden.

Einer der kleineren Pardons ist der von Sainte-Anne-de-Bois im Schloßpark von Pont-callec bei Kernascléden (links). Die Wallfahrt von Sainte-Anne-la-Palud am letzten Wochenende im August dauert vier Tage. Den Auftakt macht eine nächtliche Prozession am Samstagabend, ein feierlicher Zug schließt die Veranstaltung ab (oben).

Nachfolgende Doppelseite:
Die Pointe du Van an der Spitze des Cap Sizun ist nicht ganz so berühmt wie die ihr benachbarte Pointe du Raz. Auf einsamen Spaziergängen kann man die Atmosphäre dieses wilden Landstrichs genießen.

Die Renaissancehäuser
von Locronan zeugen
von dem einstigen
Wohlstand der Bürger,
die bis ins 19. Jahrhun-
dert von der Tuchher-
stellung lebten. Der
dunkle Granit und das
Kopfsteinpflaster der
Straßen und Plätze
unterstreichen das
altertümliche Flair
des Städtchens.

Die gotische Kirche von
Locronan, die dem heili-
gen Ronan geweiht ist,
wurde seit ihrem Bau im
Jahr 1420 kaum verän-
dert. Die angrenzende
Chapelle du Penity ist
an jedem zweiten
Julisonntag Ziel eines
berühmten Pardons,
an dem Tausende von
Gläubigen teilnehmen.

Im äußersten Westen
der Bretagne schiebt
sich die Pointe du Raz
mit ihren Riffen weit ins
Meer hinaus. Leucht-
türme sollen verhindern,
daß Schiffe in diesem
gefährlichen Fahrwasser
auf Grund laufen, wie
es früher sehr häufig der
Fall gewesen ist.

Die Felsen der Pointe
du Van trotzen seit Jahr-
tausenden der hier
besonders rauhen und
tosenden See.

Das westlichste Kap der Halbinsel Crozon trägt den keltischen Namen Penhir. Es ist ein Stück wilder Natur, zusammengesetzt aus großen Felsblöcken, an die sich nur besonders windbeständige Pflanzen wie die Strandnelke (Bild oben) festklammern können.

Charakteristisch für den Nordwesten der bretonischen Küste sind tiefe, schmale Trichtermündungen, die im Umkreis von Léon »Aber« heißen. Einer davon ist der Aber Wrac'h.

Camaret: Blick vom Schiffsfriedhof über die Bucht auf die Stadt. Der beschauliche Badeort auf der Halbinsel Crozon wird zur Ferienzeit gerne von Familien mit Kindern besucht.

Im Zentrum des Argoat liegt der Wald von Huelgot. Die geheimnisvoll-bizarre Landschaft mit ihren Klippen, rauschenden Wasserfällen und bewaldeten Grotten wird gerne mit der Artussage in Verbindung gebracht.

Viele Wasserpflanzen treiben im Bett des Flüßchens Scorff, das in seinem südlichen Teil schiffbar ist.

Detail am Calvaire von
Saint-Thégonnec, der
die Leidensgeschichte
Christi thematisiert.
Das beeindruckende
Monument entstand
im Jahr 1610.

Hervorragend erhalten
hat sich in Saint-
Thégonnec das sakrale
Ensemble von Portal,
Calvaire und Beinhaus,
das in den Jahren 1563
bis 1677 entstand. In
der Kirche, die mehr-
mals umgebaut wurde,
sind Krypta und Kanzel
besonders sehenswert.

Sonntägliches Gespräch
nach der Messe vor dem
Calvaire von Plougastel-
Daoulas bei Brest.
Auffallend ist hier der
Kontrast zwischen
dem dunklen Granit der
Skulpturen und dem
hellen Stein der Sockel.

*Der ideale Rahmen
für eine traditionelle
Hochzeitsfeier: Der aus
dem 16. Jahrhundert
stammende kleine Pfarr-
bezirk am Ortsrand
von Le Grouanec west-
lich von Le Folgoët.*

Men-Marz heißt der neun Meter hohe Menhir zwischen Brignogan und der Pointe de Pontusval. Das Kreuz ist ein später angebrachter »Schmuck«, mit dem christliche Missionare die heidnischen Symbole »entschärfen« wollten.

Ile d'Ouessant, die große, von Klippen umgebene Insel vor der bretonischen Nordwestküste, die von den Schiffern wegen ihrer Riffe gefürchtet wird, ist heute dicht mit Leuchttürmen bestückt. Das Bild zeigt den Phare de Creac'h.

Die Saint-Jaoua-Kapelle liegt einige Kilometer nordöstlich von Brest. Das Ensemble mit den uralten Kreuzen und dem dichten Efeubewuchs ist sehr eindrucksvoll.

Die gotische Chapelle
Sainte-Barbe bei Le
Faouët liegt malerisch
über der Ellé-Schlucht.
Zweimal im Jahr
zieht auch sie zahlrei-
che Pilger an.

Artischocken gedeihen gut in der Gegend um Carantec, das inzwischen auch zum Badeort der Stadt Morlaix geworden ist. Hier leben noch nicht alle Bretonen von Fremdenverkehr oder Fischfang.

Saint-Pol-de-Léon, die Bischofsstadt im Norden der Bretagne, von einem für die Region typischen Artischockenfeld aus gesehen. Man erkennt die Türme der Kathedrale (Mitte) und die schlanke Spitze der Chapelle du Kreisker (links), die um 1370 entstand.

Nachfolgende Doppelseite: Auf der Pointe du Château an der Côte de Granit Rose hat man beim Bau dieses Häuschens die gewaltigen Felsblöcke als Windschutz genutzt. Die Stelle heißt Le Gouffre.

103

*Die Uferstraße »Corni-
che de l'Armorique«, die
zwischen Morlaix und
Saint-Michel-en-Grève
verläuft, gibt immer
wieder den Blick auf
die zerklüftete Küste der
Nordbretagne frei.*

106

Die auffälligsten Felsen
und Riffe der Côte de
Granit Rose zwischen
Trébeurden und
Perros-Guirec tragen so
phantasievolle Namen
wie »Totenkopf«,
»Teufelsschloß« oder
»Schildkröte«.

Die Kathedrale von
Tréguier beherbergt das
Grabmal des heiligen
Yves, der in vielen
bretonischen Orten
verehrt wird. Der Schä-
del des Toten wird
anläßlich des Pardons
vom 19. Mai öffentlich
in der Kirche ausgestellt.

Beim Pardon zu Ehren
von Saint-Yves zieht die
Prozession von der
Kathedrale in Tréguier
in den Vorort Minihy-
Tréguier. Dort befand
sich einst das Schloß, in
dem der später heiligge-
sprochene Yves Hélori
1253 geboren wurde.

*Cancale ist seit dem
18. Jahrhundert der
Austernort der Bretagne.
Als die natürlichen
Ressourcen in der Bucht
wegen Übernutzung
zu versiegen drohten,
entwickelte man ab dem
ausgehenden 19. Jahr-
hundert Methoden zur
Zucht der Krustentiere.*

Drei bis vier Jahre dauert es, bis die Austern nach arbeitsaufwendigen Zuchtverfahren (oben) »reif« sind und geerntet werden dürfen. Erst dann kommen sie auf die Teller der Feinschmecker (links).

In Rothéneuf bei Saint-Malo meißelte der Pfarrer Abbé Fouré ab 1870 über 300 Reliefs und Skulpturen aus dem Granit der Küste.

Die bewegte Geschichte
von Saint-Malo geht bis
in das 6. Jahrhundert
zurück. Früh entwickelte
sich die Stadt zu einer
bedeutenden franzö-
sischen Seefahrermetro-
pole, die berüchtigte
Korsaren und bedeuten-
de Entdecker – unter ih-
nen Jacques Cartier –
hervorbrachte. Nach der
fast vollständigen
Zerstörung im Zweiten
Weltkrieg ist sie – nach
Meinung von Kritikern –
allzu glatt wieder aufge-
baut worden.

So still ist es im Sommer nur selten in Dinard, denn meistens bevölkert ein internationales Publikum die Straßen und Gassen des Ortes.

Am Strand von Dinard stehen die für den Ort typischen gestreiften Zelte, die als Wind-schutz dienen.

Abendstimmung im
Sporthafen von Morlaix,
hinter dem sich das
Viadukt über dem Fluß
Dossen erhebt. Das
58 Meter hohe Bauwerk,
das eine Entfernung von
285 Metern überbrückt,
ist das Wahrzeichen
des Ortes im Finistère.

Ein einmaliges Natur-
schauspiel: die bizarren
Felsformationen vor der
Pointe de Primel und
die von den Wogen zer-
schlagene Küstenlinie
am Ostausgang
der Bucht von Morlaix.

BRETAGNE

0   20 km

Legend:
- Kirche
- Schloß
- Megalith-denkmal
- Autobahn
- Schnellstraße
- Hauptstraße
- Fähre

Ärmelkanal

Côte de Granit Rose

Plymouth
Cork

JERSEY
St-Hélier

Cherbourg
Coutances
Granville
Avranches
St-Hilaire
Mont-St-Michel
Pontorson
Caen

Pointe du Château
Ploumanac'h
Trégastel-Plage
Perros-Guirec
Trébeurden
Tréguier
Ploubazlanec
Paimpol
ILE DE BRÉHAT

Côte d'Émeraude
Cap Fréhel
Fort la Latte
Erquy
Le Val-André
Dinard
St-Malo
Cancale
Dol-de-Bretagne
Combourg

Pointe de Pontusval
ILE DE BATZ
Tronjoly
Roscoff
St-Pol-de-Léon
Barnenez
Lannion
Rosanbo
Guingamp
Lamballe
Moncontour
Dinan
Fougères

ILE VIERGE
Kerouartz
Lesneven
Le Folgoët
Kerjean
Morlaix
St-Thégonnec
Guimiliau
FINISTÈRE
St-Brieuc
CÔTES-DU-NORD

ILE D'OUESSANT
Pointe de Corsen
Landerneau
Lampaul
Roc Trévezel
Monts d'Arrée
Huelgoat
Carhaix-Plouguer
Loudéac

Le Conquet
La Martyre
Sizun
Brest
Brasparts
Parc Naturel Régional d'Armorique
Pleyben
Canal de Brest à Nantes

Pointe de St-Mathieu
Camaret-sur-Mer
Pointe de Penhir
CROZON
Ménez-Hom
Châteaulin
Aulne
Coueshon

Morgat
Ste-Anne-la-Palud
Douarnenez
Locronan
Odet
Scaër
Gourin
Guémené-sur-Scorff
Forêt de Paimpont
Rennes
Vitré

Pointe du Van
ILE DE SEIN
Pointe du Raz
Audierne
Pont-Croix
Plozévet
Quimper
Le Faouët
Pontivy
Trécesson
ILLE-ET-VILAINE

Baie d'Audierne
Melrand
St-Nicodème
Josselin
Ploërmel
La Guerche-de-Bretagne

Notre-Dame-de-Tronoën
Pont-l'Abbé
Fouesnant
Concarneau
Quimperlé
Hennebont
Baud
Guéhenno
Le Mans

Penmarch
Bénodet
Loctudy
Névez
Pont-Aven
Pont-Aven
Pouancé

Pointe de Penmarch
Guilvinec
Port-Manech
Le Pouldu
Lorient
MORBIHAN
Ste-Anne-d'Auray
Rochefort-en-Terre
Châteaubriant

ILES DE GLÉNAN
ILE DE GROIX
Auray
Vannes
Redon
Candé

Locmariaquer
Port-Navalo
Kerlévenan
La Roche-Bernard
Guémené-Penfao
Nort-sur-Erdre

Carnac
QUIBERON
Suscinio
La Bretesche
LOIRE-ATLANTIQUE

Pointe des Poulains
BELLE-ILE
Le Palais
Piriac-sur-Mer
GRANDE BRIÈRE
Pontchâteau
Blain
Ancenis

Côte Sauvage
ILE D'HOUAT
ILE DE HŒDIC
Guérande
Savenay
Angers

Le Croisic
Batz-sur-Mer
La Baule
St-Nazaire
St-Brévin-les-Pins
Nantes

Pornic

ATLANTISCHER OZEAN

Inset map:
Rhein
Paris
Seine
BRETAGNE
Loire
FRANKREICH
ATLANTIK
Rhône
MITTELMEER

120

Fahrten in der Bretagne

Obwohl das Landesinnere der Bretagne mit seiner herben Schönheit eine ganz eigenwillige Faszination ausübt, zieht es die meisten Besucher an die Küsten. Diesem Umstand zum Trotz führt die folgende Entdeckungsreise, die von Nantes ausgehend die Halbinsel im Uhrzeigersinn umrundet, nicht nur in das »Armor«, so eine alte bretonische Bezeichnung für die Gegenden am Meer. Sie stellt auch das ehemalig stark bewaldete Binnenland vor, »Argoat« genannt, dessen Besuch das Bild der Bretagne erst wirklich abrundet.

Einstieg von Süden her

Der alte Süden ist in seinem heiteren Charakter keineswegs typisch für die Bretagne, sondern von der mächtigen Loire geprägt, dem Hauptstrom Mittelfrankreichs, der ein wenig vom schillernden Glanz der Schlösser und der fröhlichen Touraine an den grauen Atlantik bringt. Dies spürt man ganz besonders in **Nantes**, das als Hauptstadt des Départements Loire-Atlantique strenggenommen nicht bretonisch zu nennen ist, das aber in seiner Geschichte stets der Halbinsel zugewandt war (siehe Seite 21f.).

50 Kilometer nördlich der Metropole liegt die Pilgerlandschaft von **Pontchâteau** mit dem *Calvaire de la Madeleine*. Louis-Marie Grignon de Montfort, ein außerhalb seiner Heimat wenig bekannter Heiliger, begann 1710 mit der Errichtung dieses Kalvarienberges auf einem künstlichen Hügel von etwa 30 Meter Höhe. Das ehrgeizige, figurenreiche Projekt eines kleinen Kunstparks mit biblischen Motiven erschien dem alten Sonnenkönig Ludwig XIV. verdächtig: Entweder stand die arrogante Sekte der Jansenisten dahinter, oder es handelte sich überhaupt um ein getarntes britisches Waffenlager auf französischem Boden. Jedenfalls wurde die Erhebung schon bald abgetragen und erst mehr als hundert Jahre später wieder zum Mittelpunkt jenes Kreuzweges mit Scala Santa, Kapellen und Figurengruppen, wie die Besucher sie heute sehen können.

Was dieses erstaunliche Ensemble von anderen Sakralgruppen unterscheidet, ist seine unmittelbare Nähe zu einem heidnischen Heiligtum, denn der sieben Meter hohe Menhir mit dem Namen *Fuseau de la Madeleine* (»die Spindel der Magdalena«) erhebt sich noch immer aus einem Feld an der Nebenstraße und erinnert daran, daß manche Gegenden der Bretagne bis ins 17. Jahrhundert noch heidnisch waren, so daß die Megalithdenkmäler als Kultstätten gelten dürften.

Einen Ausflug auf die *Brière-Halbinsel* mit ihrem Nationalpark kann man gut von **La Roche-Bernard** aus unternehmen. Es ist ein hübsches Städtchen mit recht malerischen Plätzen und Häusern. Außerdem gibt es hier gute Aussichtspunkte über den Lauf der Vilaine. Begibt man sich von hier aus an die Westküste, ist dies wegen der kleinen Straßen zwar mühsam, aber lohnend. **Piriac-sur-Mer** liegt auf einer Landspitze im Verlauf einer aussichtsreichen Küstenstrecke, die nach La Turballe, Guérande und La Baule führt. Der tiefste Wassereinbruch in dieser Gegend hat die **Halbinsel von Le Croisic** geschaffen, die die Sensation von Meerfahrten mit dem Auto gewährt: Hier sind nämlich die Départementstraßen streckenweise quer durch die Lagune geführt, so daß schon die Anfahrt zur Pointe du Croisic und nach Batz-sur-Mer zu einem Abenteuer besonderer Art gerät.

Guérande hat noch seine Stadtmauern, belebt sich in der Saison der nahen mondänen Orte und entwickelt ein besonderes und sehr sehenswertes Eigenleben zu den samstäglichen Märkten. Hier wimmeln dann bretonische Trachten mit züchtigen weißen Häubchen zwischen den Badeurlaubern, aber die einst so wehrhafte kleine Stadt läßt sich die bunte Mischung gefallen. Gegen die Normannen, die 909 Nantes niedergebrannt und dann Guérande berannt hatten, war man energischer vorgegangen. Mittelpunkte sind die *Rue du Pilori* – so benannt nach dem Pranger – und die *Eglise Saint-Aubin* auf Fundamenten aus karolingischer Zeit, im 12. und 16. Jahrhundert neu errichtet. Die in der Bretagne häufige *Außenkanzel* ist an dieser schönen, ihren Platz beherrschenden Kirche besonders gefällig geraten.

Die geschützte lange Badebucht von La Baule ist vom späten Frühjahr über den Sommer bis in den frühen Herbst einzigartig schön. Die Gegend genießt eine Reihe sonst nicht anzutreffender Vorzüge klimatischer Natur, zu denen noch ein besonderes Faktum kommt: Eben weil man hier am Atlantik diese südlichen Temperaturen nicht mehr erwartet, erscheinen sie beglückender als etwa in San Remo und beinahe exotisch. **La Baule** selbst hat mit seinen endlosen Promenaden, mit den mitunter erstaunlich geschmackvollen Hotelburgen und dem Lebensstil in Spitzenhotels wie dem »Ermitage« oder dem »Castel Marie-Louise« nicht nur Maßstäbe gesetzt, sondern auch die gesellschaftliche Kultur des Ortes gegen den Massentourismus verteidigt, wie er inzwischen die spanischen Küsten beherrscht.

Die Place Henri IV. in Vannes säumen Häuser aus dem 16. Jahrhundert.

Die Nähe des vielbesuchten Badeortes hat Dörfer wie etwa **Batz-sur-Mer** oder auch **Le Croisic** unverhältnismäßig aufgewertet. Aber es schadet schließlich niemandem, wenn er sich hier ein wenig umsieht. Die Kirche von *Saint-Guénolé* in Batz mit ihrem eindrucksvollen Sechzigmeterturm ist inzwischen so etwas wie ein Wahrzeichen der Halbinsel geworden, und Le Croisic hat ein reizendes Ortsbild zu bieten mit einer entzückenden Promenade, Aussichtshöhen und einem *Palais* aus der Zeit König Heinrichs IV. Die **Pointe du Croisic** ist im Unterschied zu anderen malerischen Kaps auch bei Ebbe interessant. Das Meer zieht sich an dieser Stelle von einer sehenswerten Unterwasserlandschaft zurück, die man von der Landspitze aus mit Muße studieren kann, ehe die Flut sie wieder bedeckt.

Es ist nicht verwunderlich, daß vor allem in früheren, ruhigeren Zeiten mancher schöpferische Geist die ereignisreiche Naturszenerie dieser Buchten aufsuchte. Honoré de Balzac – um ein Beispiel zu nennen – weilte hier wiederholt mit Madame de Valette, was zu ausführlichen Schilderungen des Landes um Batz und Guérande führte (im Roman »Béatrix« und der »Menschlichen Komödie«). Der Anfang dieses Schlüsselromans über Franz Liszt und die Comtesse d'Agoult sagt uns einiges über die Bretagne vor 150 Jahren: »Wer als Moralarchäologe reisen und sich mit den Menschen anstatt mit den Steinen befassen würde, der vermöchte in einem Dorf der Provence ein Bild des Zeitalters Ludwigs XV. zu gewahren, im tiefsten Poitou ein solches des Zeitalters Ludwigs XIV. und in der Bretagne Ansichten aus noch weiter zurückliegenden Jahrhunderten ... Es fehlt diesen Städten an lebendigen, regelmäßigen Verbindungen mit Paris ... und so hören oder sehen sie die neue Zivilisation an sich vorübergleiten wie ein Schauspiel.«

Das Morbihan

Der ausgedehnte Meereinbruch zwischen Vannes und Locmariaquer gehört zu den anziehendsten Abschnitten der bretonischen Küste. Die Fahrt durch die wasserzerfurchte Landschaft ist allerdings nicht völlig problemlos, denn man kommt allzuleicht vom beabsichtigten Weg ab. Sie setzt also mehr Engagement voraus als die üblichen Besichtigungstouren, und der Reisende sollte sich die Strecken so einteilen, daß sie alle bei Tageslicht zurückgelegt werden können.

Der Kampf gegen das Meer ist bretonisches Schicksal, aber er hat der Halbinsel auf sehr verschiedene Weise mitgespielt. Im äußersten Westen, wo sich widerstandsfähiges Urgestein den Wogen entgegenschiebt, behauptet sich das Land noch weit draußen mit schwarzen Riffen und ganzen Inselsäumen. Im Südosten hingegen erzielte das Meer immer wieder tiefe, lagunenartige Einbrüche in das Land und konnte nördlich von Etel, nördlich und südlich von Pénestin, vor allem aber bei Vannes große, flache Enklaven bilden. Bei Flut füllen sie sich schnell und auf wechselnden Wegen mit Wasser, und sie trocknen bei zurückweichendem Meer in einem manchmal wie Zauber wirkenden glucksenden Ablaufen des Wassers wieder aus – bis auf einige, die Küstenlinie dann völlig verändernde komplizierte Verästelungen des verbleibenden Meeres.

Fachwerkhaus in der Altstadt von Vannes.

Die große, auf diese Weise entstandene Beinahe-Lagune nennen die Bretonen seit alters Morbihan, das »kleine Meer«. Heute, da man mit dem Hubschrauber aus der Luft fotografieren und danach kartographieren kann, ist man sich endlich klar darüber geworden, wie sich Inseln, Halbinseln und Sandbänke auf den etwa hundert Quadratkilometern dieses seltsamsten aller Meere verteilen, aber noch immer ist die Kenntnis der im Gezeitenwechsel auftretenden Strömungen und der Fahrrinnen eine Geheimwissenschaft.

Im Norden reicht das Morbihan bis Vannes, im Süden wird es durch den für die Fluten unbezwingbaren Gneis- und Granitrücken der Halbinsel von Rhuys begrenzt. Das Ein- und Ausströmen des Ozeans erfolgt in dem schmalen Durchlaß zwischen Locmariaquer, genauer: der

Pointe de Kerpenhir, und der gegenüberliegenden Pointe de Port-Navalo. Am besten lernt man das Gebiet auf einem der angebotenen Bootsausflüge kennen, die man von Locmariaquer oder auch von Vannes aus unternehmen kann.

Das Sehenswerte an **Vannes** ist sein altes Stadtzentrum. Hier liegt die *Kathedrale Saint-Pierre*, die zwar im 13. Jahrhundert begonnen, aber erst im 19. vollendet wurde. Der Kirchenschatz im Kapitelsaal und die Tapisserien aus dem frühen 17. Jahrhundert sind sehenswert, aber bedauerlicherweise nicht immer zugänglich. Hingegen kann man den Spaziergang auf dem erhaltenen Ostteil der alten *Stadtmauern* nach Belieben vornehmen. Auch diese Stadt hat sich zwar mit einem grauen Meer gesichtsloser Bauten umgeben müssen, aber einzelne alte Gassen wie die *Rue des Halles* oder die *Place Henri IV*. zeigen heute noch ein Bild altbretonischen Lebens.

Auf dem Weg in Richtung Süden kommt man an zwei sehenswerten Schlössern vorbei: Zum einen ist das **Kerlévenan**, das aus dem hellen Stein der Touraine errichtet wurde. Näher am Meer folgt dann **Suscinio**, wo sich noch fünf von einstmals acht Türmen jener alten Festung erheben, die Pierre de Dreux im 12. Jahrhundert errichten ließ. In den Mauern weilten die Herzöge der Bretagne vor allem in unsicheren Zeiten mit einer besonderen Vorliebe.

Der interessanteste Ort der Halbinsel ist das alte **Saint-Gildas-de-Rhuys**, ein Klosterdorf, das bis ins 6. Jahrhundert zurückreicht. Hier vergrub sich einstmals Abélard vor der Welt, nachdem der eifersüchtige Oheim seiner über alles geliebten Héloïse ihm die bekannte Schmach zugefügt hatte. Außerdem verfaßte Gweltas (Gildas), der Anfang des 6. Jahrhunderts aus England kam und sich zunächst auf der Insel Honat niederließ, in der Abtei einen Bericht über die große Fluchtbewegung seiner Landsleute aus Südengland über den Kanal in das westliche Frankreich, das auf diese Weise zu »New Brittany« wurde.

Zeugen der Vorgeschichte

Auf der zweiten den Golf von Morbihan abschließenden Halbinsel liegen einige der bedeutendsten heidnischen Denkmäler der Bretagne. Der Reisende erreicht sie über das Uferdorf **Locmariaquer**. Es liegt auf der von der offenen See abgewandten Küste und besitzt einen kleinen Hafen, der allerdings nur bei Flut benützt werden kann. Die Kirche *Notre-Dame-de-Kerdo*, an der seit

Noch heute herrscht Ungewißheit über die Entstehung der Megalithformationen: Steinallee bei Erdeven.

dem 11. Jahrhundert verschiedene Bauepochen zusammengewirkt haben, liegt in einem luftigen und hübschen Zentrum, das durch einen Platz und den Hafen malerische Akzente erhält.

Die Menhire nahe dem Dorf gehören zu den eindrucksvollsten überhaupt. Sie werden zudem durch Dolmen und einen Tumulus ergänzt. Der *Riesenmenhir von Locmariaquer* empfängt uns schon am Ortsausgang unweit des Friedhofs und ist leider in einige Teile zerbrochen. Er maß ursprünglich mehr als zwanzig Meter – also ein Monolith von beinahe sensationellem Ausmaß – und hat die Megalithforscher nicht zuletzt wegen seines Gewichts besonders anhaltend beschäftigt. Die Frage war, wie denn ein Volk vom Anfang des dritten vorchristlichen Jahrtausends solch einen ungefügten Riesenstein überhaupt transportieren konnte. Zweck des weithin sichtbaren Monuments war offensichtlich, auf eine Grabstelle aufmerksam zu machen: Schon von See konnte man so die Lage der *Table des Marchands* ausmachen und die Stelle ansteuern. Bestandteil des Ensembles ist auch der *Tumulus von Er Grah*.

Die berühmtesten Steinsetzungen sind zweifellos die von **Carnac**. Was immer man von den Megalithdenkmälern gehört oder gelesen hat, vergißt man überrascht, ja verblüfft in dem Augenblick,

da man des »Riesenspielzeugplatzes« mit seinen zwei Feldern ausgedehnter Menhire ansichtig wird. In der Tat ist die prähistorische Stätte eher dazu angetan, jenen zu enttäuschen, der sie nur von Bildern kannte und sie zum erstenmal in natürlicher Größe vor sich sieht. Zu dieser Enttäuschung trägt zweifellos bei, daß ein einzelner Menhir, in der Landschaft oder auf dem Bild, seinen kultischen und archaischen Charakter bewahrt und selbst in gleichgültigen Umgebungen noch von einer gewissen Aura umgeben ist. Angesichts der reihenweise und zu Hunderten in die Ebene gesetzten, weder phantasievolle Gruppen noch Figuren bildenden Steine erinnert sich jedoch jedes nicht allzu romantisch veranlagte Gemüt an eine Baumschule.

Schuld an solchem Mißvergnügen ist in der Regel die mangelnde Unterrichtung. Denn wenn die Menschen auch bei weitem noch nicht alles von den Megalithen wissen, so steht doch eines fest: Sie waren die erste und durch Jahrtausende auch die einzige gemeinsame Ausdrucksweise der europäischen Küstenvölker, sie bekunden ein gemeinsames religiöses Gefühl und vielleicht sogar eine religiöse Verwandtschaft zwischen den Alteuropäern an den Meeresküsten von Bornholm bis Malta, von Stonehenge bis Filitosa.

Die Côte Sauvage an der Westküste der Halbinsel Quiberon: Hier schuf das Meer ein geheimnisvolles Felsengewirr.

Die Landzunge von Quiberon

Die ganze seltsame Landschaft, der riesige Zaubergarten zwischen dem Tumulus von Tumiac im Osten und den Steinsetzungen vor Kerzerho im Westen, läuft nach Süden zu in der schlanken **Halbinsel von Quiberon** aus. Das milde Klima ringsum, die einladenden Küsten zwischen Bénodet und La Baule erfahren hier eine Unterbrechung, denn der lange Landsporn wirkt eher karg mit seinem spärlichen Pflanzenwuchs und den Klippen auf der Seeseite, bei dürftigen Dünenlandschaften am östlichen Rand, also auf der Seite der Bucht. An der schmalsten Stelle, hart südlich der Plage de Penthièvre, ist die Sandauf-

schüttung nicht viel breiter als die Straße selbst, und eine schwere Sturmflut könnte hier den früheren Zustand wiederherstellen, nämlich Quiberon erneut zur Insel machen. In den letzten Jahren wurden entlang der langen Strände etliche Hotels errichtet, tatsächlich sind die vorhandenen Bademöglichkeiten ausgezeichnet. Der Fremdenverkehr ersetzt der Fischerbevölkerung die Ausfälle an Einkommen, die sie durch den Rückgang des Sardinenfangs erlitt.

Ganz im Norden sind der Halbinsel noch einmal vorgeschichtliche Sehenswürdigkeiten vorgelagert, nämlich die Feuersteinateliers von **Téviec**, einer winzigen Insel, die aber, wie auch andere ihrer Art, den Händlern eine gewisse Sicherheit

bot und gleichsam exterritorial war. In den Jahren 1928/1929 wurden mesolithische Gräber freigelegt und Skelette mit Grabbeigaben geborgen, die der bedeutendste Fund dieser Art in ganz Frankreich sind. Es handelt sich dabei nicht um die ältesten Bretonen, denn bei Saint-Pol-de-Léon im Norden ergaben die Radiocarbondatierungen ein Alter von etwa 30 000 Jahren. Die Funde der Inseln Téviec, Guernic und Hoëdic weisen ins sechste vorchristliche Jahrtausend und umfassen eine so große Anzahl an Individuen, daß man den körperlichen Typus dieser Frühmenschen sehr genau ermitteln konnte: Die Männer waren bis 159 Zentimeter groß, die Frauen bis zu 151. Das Höchstalter der gefundenen Menschen betrug 45 Jahre, wobei in zwei Fällen der Tod durch Pfeilschüsse eingetreten war. Nur eine Frau hatte länger als 50 Jahre gelebt.

Die schönsten Ansichten bietet die Insel an ihrer dem offenen Meer zugewandten Westseite, auch **Côte Sauvage**, die wilde Küste, genannt. Der Uferweg beginnt im Süden über den Klippen von Kervozès und setzt sich durch sanfte Buchten nach Norden fort bis zu einem ausgedehnten Militärlager auf der Höhe der Ile de la Truie. Mit dem sogenannten Port-Blanc und dem Observatorium beginnt wieder die zivile Zone, läuft aus im Kap von Beg-en-Aud und in dem Fischerhafen Portivy. Nördlich des Kaps erstrecken sich die langen Sandstrände auf dem schmalen Isthmus, südlich davon an der Anse-du-Port-Blanc hat man den feinsten Sand.

Vor der westlichen Küste lag einst das Fischerstädtchen Aise auf einer winzigen Insel. Das Meer verschlang von Jahr zu Jahr mehr von dem kleinen Eiland, aber die Menschen, die dort lebten, sahen in der Bedrohung einen Fingerzeig Gottes, wanderten nicht aus, sondern gingen mit ihren Häusern zugrunde. Seit dem Jahr 1929 erhebt sich auf den nun unterseeischen Felsenplatten von Aise der Leuchtturm von Birvideaux 30 Meter hoch aus den Fluten, und der jährliche Pardon de Saint-Colomban gilt dem Gedenken der Ertrunkenen und dem versunkenen Dorf.

Will man sich mit den historischen Ereignissen in diesem Winkel beschäftigen, so macht man am besten einen Abstecher nach **Auray**, dem Zehntausend-Einwohner-Städtchen am Lande der Rivière d'Auray gelegen, mit der vom Flußknie umrundeten Altstadt *Saint-Goustan*. Hier, zwischen Häusern und Gassen aus dem 15. Jahrhundert, ist man so völlig in die Vergangenheit eingesponnen, daß man selbst die

Gedenktafel für Benjamin Franklin, der hier 1776 französischen Boden betrat, als zu modern empfindet (er wollte über Nantes nach Paris, widrige Winde legten die Landung an dieser Stelle nahe). Unter den Mauern von Auray endete Ende 1364 der Krieg um die Erbfolge in der Bretagne mit dem Sieg des Jean de Montfort, auf den eine glückliche Herrschaft dieses Geschlechts folgte.

Im Herzen der Bretagne

Es gibt ganz unterschiedliche Gründe, nach **Josselin** zu kommen, nur eins ist ganz sicher: Aussparen darf man diesen Ort auf keinen Fall. Er liegt im Schnittpunkt von nicht weniger als neun Straßen, wie es sich für eine alte Metropole geziemt. Der Reisende kommt, um das bekannte

Badeleben am Strand von Quiberon.

Schloß zu besuchen, aber auch wegen des Straßenbildes, der farbenprächtigen Jahrmärkte, der Pardons von Notre-Dame-du-Roncier oder der gleichnamigen Basilika.

Die *Kirche*, ursprünglich eine Schloßkapelle, besitzt das eindrucksvolle Hochgrab des Connétable Olivier de Clisson und einer seiner zwei Gemahlinnen, nämlich der Marguerite de Rohan. Es handelt sich um sogenannte »gisants«, liegende

Viele der Felsenmonumente an der Côte Sauvage von Quiberon kann man nur zu Fuß erreichen.

Figuren auf Grab- oder Sarkophagdeckeln, die an eine der großen Familien der Bretagne erinnern. Besonders die Frauen haben ihren Mut, Einfallsreichtum und bretonischen Stolz in einem Maß bewiesen, das die eine oder andere von ihnen unsterblich machte.

In den steilen Straßen des Ortes erfreut den Spaziergänger manche alte Fassade. Das Treiben in den Gassen ist an Markttagen beinahe mittelalterlich zu nennen, nur das vornehme *Schloß* hat sich aus der Clisson-Düsternis inzwischen zum Prunk der Rohan gewandelt, die das herrliche Bauwerk im vergangenen Jahrhundert wiederherstellen ließen. Ist die Außenansicht über den Fluß interessant, so zeigt sich der Hof großartig und originell mit dem reichen Fassadenschmuck, dem steilen Dach, den hohen Giebeln und den Resten der von Richelieu demolierten Türme, die noch zu erkennen sind.

Das westlich gelegene **Pontivy** besteht aus einer neuen Stadt, die im Auftrag Napoleons angelegt wurde, und einer malerischen Altstadt, in der besonders die *Place du Martray* – unregelmäßig, traulich und kurios zugleich – in den Bann zieht. Die Basilika *Notre-Dame-de-la-Joie* ist eine sehr alte Kirche, doch man hat die Gotik aus dem 16. Jahrhundert nicht immer glücklich restau-

riert. Indes ist der Turm imposant, das Gestühl aus dem 18. Jahrhundert kunstreich und sehenswert. Eine kleine, Saint-Ivy geweihte *Kapelle* an der Place Anne de Bretagne stammt von 1770. Östlich der Wasserkreuzung zwischen dem Blavet und dem Kanal von Nantes ragt das alte *Rohanschloß* auf, noch mit allen Mauern umgürtet und von tiefen Gräben umgeben. Seine Hauptfassade und zwei dicke Türme sind seltsamerweise gegen Westen gerichtet: 1485, als Johann II. von Rohan die festungsartige Anlage erbauen ließ, befürchtete man also Angriffe eher aus den Tiefen des bretonischen Raums und lehnte den Rücken an das königliche Territorium. Das Einzugsgebiet des Blavet ist wegen seiner schönen Landschaftsbilder und der intakten, gelegentlich von frischen Meereswinden durchwehten Natur sehenswert. Sehr bretonisch im besten Sinn wirkt das Dorf **Melrand**, 16 Kilometer südwestlich von Pontivy, mit Renaissancehäusern aus Granit und der *Kirche* mit ihrer Außenkanzel. Nur 200 Meter vom Gotteshaus entfernt, trifft man an der Straße nach Guémené auf einen der originellsten *Calvaires* des Landes, sichtlich die Arbeit einheimischer Steinmetze, die sich die Dreifaltigkeit entsprechend ihren technischen Möglichkeiten zurechtgemacht haben.

Östlicher Nachbar von Josselin ist die kleine Stadt **Ploërmel**. Sie leitet ihren Namen von dem heiligen Armel ab, der im 6. Jahrhundert in der Nähe ein Waldkloster gründete. In der ihm geweihten *Kirche* aus dem 16. Jahrhundert hat sich noch manches aus früheren Gotteshäusern erhalten, so die Grabmale für zwei bretonische Herzöge in der Kapelle links vom Chor, Arbeiten des 14. Jahrhunderts aus weißem Marmor. In einer anderen Kapelle findet sich das vor einigen

Im Schloßteich spiegelt sich der Backsteinbau von Château Trécesson aus dem 15. Jahrhundert.

Jahren an diesen Ort gebrachte Granitgrab von 1547 für Philippe de Montauban, den bedeutenden Kanzler der Anne de Bretagne, und seine Frau Anne de Chastenier. Hier ist auch noch das ganze Beiwerk – in vielen anderen Fällen von den Revolutionären einfach weggehämmert – intakt: Die Weinenden am Sockel, Mönche, Nonnen und Wappenschmuck.

Im alten Stadtkern westlich der Kirche sind die verschiedenen Häuser aus dem 15. bis 17. Jahrhundert interessant genug für einen gemütlichen Bummel. Eines davon ist die *Maison des Marmousets* mit bizarren Holzskulpturen aus dem Jahr 1586, ein anderes Gebäude schräg gegenüber ist das einstige *Stadtpalais der Herzöge der Bretagne*, die im Ort wiederholt Station machten.

Nordöstlich dehnt sich das **Naturschutzgebiet von Paimpont** aus, im Herzen bewaldet, siedlungsarm, aber durch zwei Schlösser begrenzt. Während *Comper* im Norden durch Heinrich IV. eines Teils seiner Befestigungen beraubt, in der Revolution niedergebrannt und erst im vorigen Jahrhundert restauriert wurde, erhebt sich Schloß *Trécesson* im Südwesten sehr eindrucksvoll aus den umgebenden Wasserflächen. Der verwendete Rotschiefer ist sonst selten, das Ensemble aus schmalen Türmen, Erkern und steilen Dächern sehr originell. Der Bau aus dem 15. Jahrhundert ist in Privatbesitz und kann nicht besichtigt werden. Doch genügen ein paar Schritte zu dem Portal und den Wirtschaftsgebäuden, um sich ein Bild von der Anlage machen zu können.

Rund um Paimpont, wo der einst dichte Wald auf achttausend Hektar zusammengeschrumpft ist, wirkt die für die Sommerfrischler aufbereitete Gegend zwar nicht mehr märchenhaft, suggeriert aber doch eine gewisse Weltferne. Wir befinden uns auf dem Boden alter Legenden, die, in Cornwall und Devon beheimatet, mit den Inselkelten über den Kanal kamen und in der Bretagne ihre eigene Stätte fanden. Es sind die Geschichten von König Artus und den Rittern seiner Tafelrunde,

von dem Zauberer Merlin und den Feen wie Viviane. Der Wald heißt in den Festlandsversionen der alten Sagen Broceliande, die handelnden Personen dagegen haben ihre Namen nicht verändert. Der kleine See, an dem Viviane den späteren Ritter Lanzelot großzieht, ist zum Schloß Comper geworden. Von der *Fontaine de Barenton* glaubte man, daß es genüge, ihr Wasser über den Merlinstein zu gießen, und ein Sturm würde sich erheben, und der *Bois de Rauco* oder auch der *Val sans Retour* (Tal ohne Wiederkehr) galten als Herrschaftsbereich der Fee Morgane.

Der wilde Charme des Südwestens

Im Südwesten der Bretagne ist das Klima mild, das Land offen, locker bebaut und durch hübsche alte Fischerstädtchen mehr geziert als angefüllt. Den Einstieg bildet **Hennebont**. Die hinter den dicken Türmen der *Porte du Bro-Erech* – Gefängnistor – liegende Festungsstadt aus dem 15. Jahrhundert ist in vielen Teilen sehenswert, obwohl die Feuersbrunst des Jahres 1944 wertvollen alten Baubestand zerstört hat. Übrig blieb die Kirche mit dem originellen Namen *Notre-Dame-du-Paradis*, ein schöner gotischer Bau von 1513 bis 1530 mit eindrucksvollem Turm. Den Vorplatz ziert ein *Brunnen* aus dem Jahr 1623.

Quimperlé ist so originell wie sein Name, und hier ist einiges anders, als man es gewöhnt ist. Das alte Zentrum ist nicht die Hügelstadt wie üblich, sondern die Unterstadt, die sich später den Hang hinauf ausgedehnt hat. Außerdem ist die interessanteste und ungewöhnlichste Kirche nicht uralt, sondern erst vor knapp 130 Jahren entstanden.

Wenn man von Lorient kommt, fährt man zunächst in die Unterstadt ein, hat den Fluß Laita zur Linken und den mächtigen *Justizpalast* mit der daran anschließenden *Eglise Sainte-Croix* vor sich. Sainte-Croix hieß das Kloster, das ein Graf von Cornouaille im Jahr 1029 gründete, aus ihm wuchs die Siedlung. Sie war so lange in britischem Besitz, daß hier sogar englische Münzen geprägt wurden, bis Duguesclin 1373 die Bretagne feindfrei machte.

Die Abteikirche war 1083 erbaut worden, ein romanisches Gotteshaus, das im 17. Jahrhundert einen neuen Turm erhielt. 1862 stürzte dieser ein, und 1864 bis 1868 erbaute der Architekt Bigot Sainte-Croix neu, so wie die Kirche ursprünglich gedacht war, in der Rotundenform der Heiliggrabkirche von Jerusalem. Das Schieferdach freilich widerspricht dem archaischen Effekt, den der Baumeister mit der Beibehaltung der alten Rundform anstrebte, andererseits sind Elemente aus der alten Kirche glücklich in die neue hinübergerettet worden: Die Empore aus dem 16. Jahrhundert aus feinem Saintongestein mit hochwertiger Bildhauerarbeit und die Apsis, die den Zusammenbruch von 1862 heil überstanden hatte. Erhalten blieb auch die Krypta unter dem Chor, wie sie im 11. Jahrhundert war, dreischiffig als Unterkirche mit verschiedenen Gräbern, von denen eines als das des heiligen Gurloës gilt. Der prachtvolle Altar von 1541 ist vermutlich die Arbeit fremder Künstler und wurde leider nicht sehr schonend in die neue Umgebung eingepaßt.

An der *Eglise Notre-Dame-et-Saint-Michel* in der Oberstadt ist vor allem das Nordportal mit dem Portikus durch den reichen gotischen Schmuck interessant. Originell auch der Vierkantturm über dem Chor mit offenen Balustraden und Glockentürmchen an den Ecken. Reizvoll altertümlich wirken das granitene Taufbecken, daneben einige Statuen in Nischen, die offensichtlich von einheimischen Steinmetzen stammen. Von zwei hölzernen Standbildern der Gottesmutter wird *Notre-Dame-de-Bonne-Nouvelle* wegen ihrer stillen Schönheit bewundert.

Im Malerwinkel

Der die Stadt umgebende Landstrich wird auch das »bretonische Arkadien« genannt, und er ist wirklich von ungewöhnlichem Reiz. Wie Flaubert bei seinem ersten Besuch 1847 folgt man am besten den Wasserläufen, die sich zu einem fjordähnlichen Einschnitt mit dem vermutlich keltischen Namen Laita vereinen. Auf diese Weise gelangt man nach **Le Pouldu**, als Badeplatz ein Geheimtip für alle, die sich von Stammgästen und Minicliquen nicht abschrecken lassen, und in der Kunstgeschichte ein Name von einiger Bedeutung.

Der Ort hat sichtlich auf alle, die ihn aufsuchen, eine günstige Wirkung. Der intime Strand, ein paar Schirmchen, kleine Sonnenterrassen und unsichtbar auf der Höhe abgestellte Autos. Vor hundert Jahren aber herrschte hier noch die wahre Idylle. Die in Pont-Aven viel zu viel diskutierenden Maler besannen sich nach dem Umzug hierher auf das Meer, die Felsengruppen und die Ufer der Laita und pinselten einträchtig und eifrig drauflos. Paul Gauguin wohnte im »Hôtel de la Plage«, damals von Mademoiselle Marie

Henry charmant geführt. Jahrelang war die Eingangstür mit dem Bild »Bonjour, Monsieur Gauguin« geziert, das heute in Prag im Museum hängt. An der Innenseite hatte Maxime Maufra eine Meeresstimmung angebracht. »Ich bin hier am Ufer des Meeres«, schrieb Gauguin an seine Frau, »in einem Fischerdorf von hundertfünfzig Einwohnern und lebe wie ein Bauer unter dem Namen Sauvage. Ich arbeite täglich in einer Leinenhose und gebe einen Franc am Tag fürs Essen

Concarneau hat einen beliebten Sporthafen.

aus und zwei Sous für den Tabak.« An diesen Zahlen hat sich inzwischen einiges geändert, im übrigen aber bleibt Le Pouldu, was es war, »le coin charmant« am Straßenende, ohne Durchgangsverkehr, mit allem, was das Auge begehrt, in der nächsten Umgebung.

Der Ort, dessen Nachfolge Le Pouldu auf so glückliche Weise antrat, war **Pont-Aven** und befindet sich 17 Kilometer westlich von Quimperlé in vergleichbarer Lage. Man kann noch immer durchaus verstehen, daß der unruhige und unglückliche Paul Gauguin hier den ersehnten Arbeitsfrieden zu erlangen hoffte. Das Haus Nr. 8 an der Place de la Mairie trägt ein Medaillon zur Erinnerung an den Künstler, denn hier stand die Pension der Marie-Jeanne Le Gloannec, in der die

Concarneau: Blick auf die historische »Ville Close«.

Maler sich so wohl fühlten. Weiter hinten auf dem gleichen Platz, mit Nr. 22, lag das »Hôtel Julia« der Julia Guillou, in zahlreichen Erinnerungen als »la bonne hôtesse«, die herzensgute Wirtin, bezeichnet. Der Bildhauer François-Victor Bazin hat 1932 ein bronzenes Halbrelief mit ihren Zügen geschaffen.

Die Gruppe wurde, obwohl sie sich an verschiedenen Orten aufhielt, unter dem Namen »Pont-Aven« zu einem kunstgeschichtlichen Begriff, vermutlich, weil diese Phase nicht nur für Gauguins Entwicklung entscheidend blieb. Zu ihr zählt ein Dutzend guter Namen, von denen Paul Sérusier, Maurice Denis, Jean Verkade und andere heute noch genannt werden, wenn auch natürlich nicht so oft wie ihr Meister; in einem kleinen neuen *Museum* neben dem Rathaus kann man den meisten von ihnen begegnen. Leider sind die berühmtesten Bilder längst in alle Welt verstreut.

Von Concarneau nach Westen

Concarneau ist vielleicht nicht die schönste Stadt der Bretagne, aber man findet hier so ziemlich alles beisammen, was die Halbinsel ausmacht. In dem größten französischen Fischerhafen nach Boulogne wird man sich keine Minute langweilen, und die Konservenindustrie macht schließlich weder üble Gerüche noch allzuviel Lärm. Dafür hat man eine kleine und kompromißlos befestigte Altstadt auf einer Insel, so wie sie in Saint-Malo den Bomben zum Opfer fiel, und findet leicht Unterkunft. Der Gast kann sogar auf der Festungsinsel wohnen oder, wenn man in dem winzigen Hotel »Le Galion« nicht reservieren konnte, zumindest vorzüglich essen. Alternativ übernachtet man in der nächsten Umgebung, auf dem an Aussichtspunkten überreichen *Kap von Cabellou* im »Belle Etoile« an einem der schönsten Punkte der gesamten Südküste.

Die aus dem 15. Jahrhundert stammenden, von Sébastien Vauban erneuerten *Befestigungen* rund um die kleine *Ville Close* im Hafen sind naturgemäß der beliebteste Spaziergang. Die Ausblicke nach innen, in die Höfe und über die Dächer hin, sind durchaus interessant. Man bewegt sich wie in einem angenehm belebten großen Freilichtmuseum. In der Bucht blickt man auf Hunderte

Nach einstündiger Überfahrt erreicht das Schiff vom Festland Le Palais, die Hauptstadt von Belle-Ile.

Der Phare d'Eckmühl an der Pointe de Penmarc'h.

von schaukelnden Schiffen, atmet den Geruch von Seetang und schnuppert die frische Brise vom Atlantik – dort, wo die Bretagne am freundlichsten ist.

Der schönste Ausflug von Concarneau aus führt auf die heute von einer Straße umrundete Halbinsel im Süden, die, wie sollte es anders sein, ein altes Fort trägt, an ihren Rändern jedoch neue Badeanlagen und Hotels aufweist. Man kann von hier aus vorzüglich die Gezeiten beobachten und die Wasserhöhe an den Felsen ablesen.

Da die westlich vorgelagerten bretonischen Inseln in der Regel nur durch Schaukelfahrten erreichbar sind und das bewegte Element nicht jedem zusagt, empfiehlt sich für meerungewohnte Urlauber die Inselwelt vor der Südküste, die in diesem milden Klima mitunter sogar subtropische Aspekte gewinnt. Die **Ile de Groix** ist von Lorient aus mit der Fähre zu erreichen. Vor dem

Aufkommen Concarneaus hatte sie eine gewisse Bedeutung im Thunfischfang, heute ist es hier erheblich stiller als auf der überlaufenen **Belle-Ile** (siehe Seite 29ff.). In der Bucht von Locmaria mit der *Pointe des Chats* gibt es reizvolle, nach Süden offene Uferpartien. Schwerer zu erreichen ist die interessante, beinahe pazifisch wirkende Gruppe der **Iles de Glénan**, denn nur in den Hochsaisonmonaten hat man am gleichen Tag Rückfahrgelegenheit nach Concarneau oder Beg-Meil, dem Concarneau gegenüberliegenden kleinen Hafenort an der Einfahrt zur Bucht. Man findet hier – in vergleichsweise sauberer See – ein wahres Paradies für Taucher, Segler und Surfer. Auf der *Ile de la Cigogne* haben sich Gebäude alter Festungsanlagen erhalten, und auf der *Ile de Penfret* erhebt sich ein bekannter Leuchtturm mit Blick über weite Strecken der Bretagneküste.

Fouesnant, schnell gewachsen, lebhaft und zumindest im Sommer ziemlich verkehrsreich, ist zum Mittelpunkt einer ganzen Region geworden, die von Beg-Meil und der Pointe de Mousterlin bis weit ins Land hineinreicht. Gleichwohl kann man hier beschauliche Wald-, Meer- und Badeferien machen, wobei die attraktivsten Hotels naturgemäß draußen auf den Kaps liegen: nahe an der Badelandschaft auf *Kap Coz*, exklusiver an

der *Pointe de Mousterlin*. Die Preise in der ganzen Gegend bleiben hinter jenen von La Baule vorerst noch deutlich zurück.

Das Städtchen selbst hat seit alters einen besonderen Ruhmestitel: Die hübschen Frauenkostüme und -hauben, von denen sich eine reizvolle Spielart auch im Nachbarort *La Forêt* findet. Die sommerlichen Festivitäten, bei denen derlei noch getragen wird, haben dadurch eine besondere Attraktion gewonnen: der *Pardon von Sainte-Anne* nördlich von Fouesnant, das Juli-Sommerfest und der *Pardon von La Forêt*. Indessen muß der Kantonsort schon seit geraumer Zeit in der Schiffahrt, das heißt im Getreide- und Viehumschlag, eine gewisse Rolle gespielt haben, denn die *Kirche* stammt aus dem 12. Jahrhundert und verrät durch eine Reihe von Besonderheiten das selbstbewußte Eigenleben des Gemeinwesens. Auf einer kleinen Terrasse neben dem Gotteshaus erhebt sich ein Calvaire von 1661. Die *Chapelle de Sainte-Anne*, das Ziel des Pardons vom 26. Juli, liegt unter einer Baumgruppe, deren Schönheit beeindruckt, und neben einer heiligen Quelle. Die Kapelle selbst stammt aus dem Jahr 1685.

Ein Ort, wo auch die spröde Bretagne lächelt, ist **Bénodet** an der Mündung des gleichnamigen Flusses, der in breiten Flächen mitunter wie ein sanfter See verweilt und Bootsfahrten zur Idylle macht. Hier gibt es einen nicht allzu großen und keineswegs mondänen Familienstrand. Außerdem werden inzwischen reichlich Unterkünfte angeboten, vor allem natürlich in der Nähe des Wassers. Die Besonderheit dieser bretonischen Zentren liegt ja in dem luftigen und von Industrie weitgehend unberührt gebliebenen Hinterland, das in diesem Fall auch noch ausgedehnte Waldungen aufweist, so daß man etwa auf dem »Domaine de Kereven« in erträglicher Distanz zum Meer ruhig und schön wohnt, oder im »Menez Frost« im Städtchen selbst, aber durch einen hübschen Garten gegen den Betrieb geschützt.

sind zum Teil in und an der südlichen Kirchenmauer beigesetzt. Der Ort war Hauptquartier des Pariser Genremalers Lucien Simon (1861–1945), der viele Volksszenen aus der Bretagne schuf. Einige davon sind Teil einer Sammlung, die im nahen **Schloß Kerazan** untergebracht ist. Neben Gemälden Simons sind unter anderem Werke von Maurice Denis, Georges Desvallières und Désiré Lucas zu sehen, die sich bretonischer Motive angenommen haben.

Loctudy wird nicht nur wegen seiner hübschen Lage am Meer, sondern auch wegen einer der schönsten romanischen Kirchen der Halbinsel besucht. Sie stammt aus dem 12. Jahrhundert

Der Leuchtturm Grand Phare auf Belle-Ile (1835).

Nachmittags laufen alle Schiffe in den Fischereihafen von Guilvinec ein; dann herrscht hier Hochbetrieb.

Pont-l'Abbé liegt wie Loctudy am Westrand eines seltsamen Meereseinbruchs, der seine Gestalt je nach Fluthöhe erheblich verändert – eine kleine, freundliche und maßvoll betriebsame Stadt. Die namensgebende Brücke soll schon im 10. Jahrhundert erbaut worden sein, das *Brückenschloß* ist bis heute das Wahrzeichen der Ortschaft, die einst Mittelpunkt einer mächtigen Baronie war. Die *Kirche* stammt aus dem 14. Jahrhundert, wurde aber mehrfach restauriert. Die Barone du Pont, die als Geschlecht ihren Namen der wichtigen Brücke verdanken,

und wirkt in der Grundanlage, der Bedachung und im Innern stimmungsvoll altertümlich. Die Fassade wurde im 18. Jahrhundert verändert und ein neuer Glockenturm errichtet. Von Loctudy aus besteht ein Bootspendelverkehr nach **Ile-Tudy**, also quer über die Mündung der Rivière de Pont-l'Abbé. Zu Land kann man in die kleine Badestation **Lesconil** gelangen und auch nach **Guilvinec**, einem bedeutenden Langustenzentrum. Es ist malerisch und unterhaltsam, wenn die bis zu 150 Boote nachmittags in den kleinen Hafen einfahren. Sie geben dem Ort mit seinen

zahlreichen grauen Granitgebäuden viel Farbe. Fröhlicher ist **Saint-Guénolé** mit *Leuchtturm, Vorgeschichtsmuseum* und einer lebhaften Einkaufsstraße, vor allem aber mit einem Hotel-Restaurant, in dem man all die fangfrischen Köstlichkeiten essen kann (»La Mer«).

Zwischen Guilvinec und Saint-Guénolé schiebt sich der Ort **Penmarc'h** auf die nach ihm benannte Halbinsel hinaus, und über die Dächer erhebt sich der bekannteste der vielen hier aneinandergereihten Leuchttürme, der *Phare d'Eckmühl*. Den für die Bretagne auffälligen Namen verdankt das Bauwerk dem Umstand, daß es von 1895 bis 1897 aus dem Vermögen des napoleonischen Marschalls Davout, Fürst von Eckmühl, errichtet wurde.

Vor Guénolé liegen im Meer die gefürchteten Klippen, genannt *Les rochers de Saint-Guénolé*. Auf einer von ihnen erhebt sich ein Kreuz zur Erinnerung an ein Ereignis des Jahres 1870: Damals wurde an einem stürmischen Oktobertag die ganze Familie des Präfekten von Finistère von einer gewaltigen Woge ins Meer gerissen und war nicht mehr zu retten.

Dem abwechslungsreichen, ja mitunter dramatischen Geschehen an der Küste steht das ereignislose und ebene Hinterland entgegen, siedlungs-

Früher war die Tracht ein wichtiges soziales Element; an ihr konnte man Beruf und Familienstand ablesen.

Heute wird nur noch an Festtagen Tracht getragen.

arm, dem Wind preisgegeben, eine Landschaft, in der man sich plötzlich einsam fühlt. Nach Norden zu, in die Verbreiterung der Cornouaille-Halbinsel, dehnt sich der Heidecharakter schier endlos bis zum Horizont. Der Süden ist zugänglicher, wenn man sich auch auf den flach durchs Dünengras geführten schmalen Straßen leicht verirren kann. Plötzlich steht man dann doch vor dem **Calvaire von Tronoën**. Um 1450 geschaffen, gilt der kunstvolle Figurenblock als der älteste seiner Art, obwohl man bei dem einen oder anderen verwitterten Gegenstück in den Côtes du Nord meinen möchte, seine Ursprünge reichten in eine noch fernere Vergangenheit zurück.

Wo das Land endet

Für nicht wenige Besucher ist die kühn ausgreifende Halbinsel, die in der Pointe du Raz ihren Schlußpunkt hat, der Inbegriff dessen, was sie mit der Vorstellung Bretagne verbinden, und tatsächlich sind die Eindrücke, die man zwischen Quimper an der Landbasis dieser Halbinsel, Audierne, Douarnenez und der Pointe sammelt, in ihrer Summe die unverwischbare Erinnerung an das Erlebnis des Landes in der reinsten Form. Der ideale Ausgangspunkt ist **Quimper** (siehe

Seite 22ff.). Es ist nicht nur eine sehr besuchenswerte Stadt, sondern kommt auch als Ausgangspunkt für den ganzen Raum Finistère in Frage. Zwischen Plouhinec, Audierne und **Pont-Croix** gibt es eine Menge hübscher, wenn auch schmaler Gemeindewege, und fast jede Kirche, die man bei Spazierfahrten erblickt, lohnt die Besichtigung. Besonders schön ist die Küstenstrecke von Plozévet über die Pointe de Souc'h nach Plouhinec und von dort weiter zum Goyen, an dem Pont-Croix liegt. Es läßt in seiner wehrhaften Hügellage frühere Bedeutung noch ahnen.

Der Ort liegt auf dem rechten Ufer des Flusses, der von hier an der Flut unterworfen ist und als Teil des Meeres gilt – was der Tourist daran erkennt, daß er von Pont-Croix flußabwärts fischen darf. Auf der Hügelkuppe und in dem Viertel, das von ihr zum Wasser hinabsteigt, hat sich das Burgstädtchen alt und heimelig erhalten, mit zahllosen bunten und altertümlich wirkenden Bildern, die hier, wenige Kilometer hinter der belebten Ferienlandschaft, schon verblüffen. Die Schilder von Wirtschaften und Geschäften zeigen die Malerei der zwanziger Jahre. Auf dem sonnigen, mit Platanen bestandenen Platz herrscht ein fröhliches Miteinander der einzelnen Gewerbe: Eine Fleischhauerei hat einen Tabakladen ein-

gegliedert, ein Café eine Charcuterie-Abteilung eröffnet. Man ist unter sich, denn so nah Audierne auch ist, so schön die kurze Straße dorthin das Goyen-Ufer begleitet, es finden doch nur wenige

Jede Region hat ihre charakteristische Haubenform.

Fremde herauf zu der alten Kirche, die auf eine besondere Weise mit der architektonischen Tradition der Bretagne verbunden ist: Zunächst war es die Kathedrale von Quimper, die den Glockenturm von Saint-Croix inspirierte, der sich seit dem 15. Jahrhundert über der Vierung erhebt. Und als im 19. Jahrhundert – zwischen 1854 und

1856 – die Kathedraltürme von Quimper ihre eleganten und schlanken Turmspitzen erhielten, da ließ sich Architekt Bigot dazu von dem hohen Turm des Gotteshauses *Notre-Dame-de-Roscudon* von Pont-Croix anregen.

Der Sakralbau stammt zum größten Teil aus dem 13., das besonders eindrucksvolle Südtor mit seiner kleinen Vorhalle vom Ende des 14. Jahrhunderts. Im darauffolgenden Jahrhundert wurde die ganze Südflanke im gotischen Stil erneuert und verlor bei dieser Gelegenheit vermutlich das zweite Seitenschiff, so daß heute der Blick vom nördlichen Seitenschiff zum Altar die eindrucksvollste Innenansicht bietet. Im Quartier um das Gebäude finden sich die hübschesten alten Häuser. Unten am Flußufer stößt man auf die älteste Verbauung, allerdings zum Teil unbewohnt. Man erfaßt das Gesamtbild von Ufer und Stadthügel am besten von dem Sträßchen aus, das sich am linken Ufer hinauf nach Plouhinec windet.

Das benachbarte Dorf **Confort** ist wegen seiner *Kirche* interessant, die neben einer herrlichen Baumgruppe aufragt. Sie entstand zwischen 1528 und 1544 in spätgotischem Stil und erhielt im 18. Jahrhundert einen passenden Turm aufgesetzt. Über dem Giebelfeld des Portals erkennen wir eine Statue aus dem 16. Jahrhundert, eine Darstellung des heiligen Michael. Links oberhalb des Hauptaltars gewahrt man ein großes hölzernes Rad, es bildet den Antrieb des einst berühm-

Auch die Kinder wachsen mit der Tradition auf.

ten Glockenspiels. Der nahe *Calvaire* zeigt auf einem alten Sockel mit Geschmack nachgefertigte Figuren aus dem 19. Jahrhundert.

Die besondere Form der kühn vorspringenden Halbinsel brachte es mit sich, daß sich an ihren Basen ein südliches und ein nördliches Fischereizentrum entwickelten. Da die Baie d'Audierne

sich weit und ungeschützt dehnt, hat die kleine Stadt, die ihr den Namen gab, nicht die Bedeutung wie Douarnenez an der nördlichen Bucht gleichen Namens erlangt, doch hat **Audierne** durch Fischerei und Fremdenverkehr inzwischen ein wenig aufgeholt und ist an der langen Brücke über die Goyen-Mündung ein beliebter Sommerort geworden, ohne selbst intensiven Badeverkehr zu haben. Es ist die malerische Halbinsel Sizun mit der Pointe, die den Zulauf sichert, es sind die hier noch zu beobachtenden Lampenfischer, und es ist das Hinterland mit einigen größeren Orten, die Audierne mit seinem herrlichen Fischmarkt als Einkaufsparadies nützen. Mit bunt belebten Straßen zieht sich das Städtchen den Hang der Hochfläche hinauf, so daß die alte und die neue Kirche vor den Fluten geschützt liegen. Audierne hat als besondere Sehenswürdigkeit »Les Viviers« aufzuweisen, die Becken und Wannen, in denen die gefangenen Schalentiere aufbewahrt werden, bis Käufer sie mitnehmen.

Die sturmumtoste Landspitze

Im 19. Jahrhundert war die Landschaft im äußersten Westen der Bretagne von einer tiefen Einsamkeit, von der man sich heute keine Vorstellung mehr machen kann. Chateaubriand reiste hier erschauernd durch eine mystisch-leere Gegend, in der es weitaus mehr Menhire gab als

Schon junge Mädchen tragen eine Dutthaube.

Häuser und an deren Küsten sich nur ein paar hundert der gefleckten Kühe herumtrieben, die zaudernd das karge Gras der Dünen abzupften. Noch in den fünfziger Jahren des 20. Jahrhunderts war der Aspekt der Küste westlich von Audierne gegenüber den Impressionen vergangener Zeiten nicht nennenswert verändert.

Dann aber geschah – auf dem Höhepunkt der Tourismuswelle – der Umschlag des Überdrusses. Ferienwohnungen und -häuser wurden beliebter als Hotels, und damit erschien mit einemmal die weit ins Meer hinausspringende romantische Finistèreküste mit ihrer Südfortsetzung als ein Geschenk des Himmels – und eine intensive Verbauung setzte ein.

Heute zählt man an der einst so menschenleeren Küste zwischen Audierne und Penmarc'h mehr Häuschen als Kühe, und nur die Pointe du Raz, der niedrig bewachsene Gesteinsblock westlich des Goyen, hat bis in die Gegenwart hinein ihren keltisch-herben und verlassenen Charakter bewahrt. In dieser Landschaft nehmen sich die nicht eben zahlreichen Hotels noch wie Schutzhütten aus; zu beiden Seiten der wenigen Straßen erstreckt sich hinter Hecken dürftig bewirtschaftetes Land, und die Felsen stürzen wild ins Meer hinab, ohne Häfen, ohne Seebäder, mit dem ei-

Bänder schmücken den Kopfputz junger Frauen.

nen oder anderen Hotel an jenen schmalen Buchten, die – wie die Baie des Trépassés – solch oasenartige Ansiedlungen zulassen.

Die eigentliche Wunderlandschaft – die Bretagne in der Bretagne – beginnt also westlich von Audierne und der auf ihrer Höhe an der Nordküste des Vorsprungs liegenden Réserve du Cap Sizun. Diese paar Quadratkilometer ohne wesentliche Steigungen, flache Heidelandschaft hoch über der Klippenküste und unendlich reich an Fernblick und Tiefenblicken sind ein Terrain geworden, in dem die wirklichen Adepten sich mit dem Fahrrad bewegen. Das Auto ist zu schnell, zu bequem, es schließt zu sehr ab, und bei manchen der jungen Leute, die man hier in kleinen Gruppen radeln sieht, hat man den Eindruck, sie empfänden den Motor und den Luxus gleichermaßen

Sainte-Anne-d'Auray gilt als der bedeutendste Wallfahrtsort in der Bretagne.

als Entweihung, zumindest aber als empfindliche Störung angesichts von unzähligen Vogelnistplätzen, aber auch einer rundum bestürzenden Übermacht der Natur.

Wie die bekanntere Pointe du Raz ist auch die **Pointe du Van** an Sommersonntagen stark besucht. Man kann auf die **Pointe de Brézellec** ausweichen, die einen reizvollen Blick auf andere Kaps und auf die ganze Klippenküste gewährt und – über den schmalen Eingang der Baie von Douarnenez hinüber – auf das Ziegenkap, aber die Pointe du Van behält doch ihre Besonderheit und Eigenart. Hier hat man nämlich die Möglichkeit, die ganze ungeheure Masse vom Meer schon stark zerschlagener Felsen auf gut begehbaren Pfaden zu umrunden. Das ist tatsächlich ein kleines Abenteuer und verschafft buchstäblich von Minute zu Minute andere Einblicke in jenen seit Urzeiten ausgefochtenen Kampf zwischen Meer und Gestein, zwischen Wasser und Land.

Die Straße endet bei dem rührenden kleinen Bau der *Chapelle Saint-They*, die sich auf einer Klippe duckt, als könnte sie auf diese Weise den furchtbaren Stürmen entgehen, die hier im Winter toben. Der Alabaster-Christus, der im Innern des winzigen Gotteshauses seine Wunden zeigt, kann als Symbol für eine Bevölkerung gelten, die auf

diesem Felsen seit Jahrhunderten fern von all dem lebte, was man in den Metropolen als die eigentliche Würze des Daseins ansah.

Baie des Trépassés heißt »Bucht der Hingeschiedenen«. Der Name gibt dem Idyll zwischen den zwei großartigen Kaps einen düsteren Charakter, den die charmante Bucht nicht verdient. Der kleine Sandbogen empfängt die frei hereinrollende Flut in einem malerischen Rahmen aus Fels und grünen Hängen, ein ungemein reizvolles Schauspiel, dem man sich hinter den großen Fenstern der beiden hier liegenden Hotels auch dann widmen kann, wenn die Brise zu kräftig wird. Während der sommerlichen Heiratssaison der Franzosen vergeht kaum ein Tag, an dem nicht in einem der beiden Häuser eine große Gesellschaft tafelt, so daß man hier mit einigem Glück alles beisammen hat: Das Meer, die Felsen, die Trachten und die bretonische Küche.

Hauptanziehungspunkt bleibt jedoch die westlichste Spitze, die **Pointe du Raz**. Sie enthüllt uns ihre Großartigkeit gleichsam ratenweise. Vom Parkplatz aus weitergehend, entdeckt man mit jedem Schritt mehr von dem Felssporn, der sich kilometerweit in ein Meer hinausschiebt, das ihn seit Urzeiten bekämpft, wütend gegen ihn anbrandet, ihn weiter draußen schon zu einer Un-

zahl von Inselchen und Riffen zerschlagen hat. Dazu kommt, daß hier, am Eingang des Ärmelkanals, starke Strömungen auftreten, weil der Ozean in seinen Gezeiten mit ungeheurer Gewalt Wassermassen durch den Rechen der Riffe preßt und wieder zurückzieht. Bei einer Wassergeschwindigkeit von bis zu zehn Knoten in der Stunde hatten Segelschiffe praktisch keine Chance, diesen Strömungen zu entgehen, und auch kleinere Dampfer mußten kräftig arbeiten, um sich aus dem tödlichen Sog zu befreien. Die mit Leuchttürmen gespickte lange Riffreihe ist denn auch der eigentliche Blickfang, wenn man bis an das Ende der Hochfläche gelangt ist und auf einem Niveau von nur 70 Metern doch scheinbar turmhoch über den Fluten steht und ihre Gewalt mit einem Blick umfassen kann.

Wer es ganz genau wissen will, kann sich hier einen der autorisierten Führer nehmen und auf nicht immer ausreichend gesicherten Pfaden und Felssteigen noch näher an die Fluten herankommen, vor allem an den berühmten *Enfer de Plogoff*, einen Felsabsturz, unter dem sich zwei aus verschiedenen Richtungen kommende Strömungen treffen. Für diese Tour, bei der die aufsteigenden und zusammenfallenden Gischtfontänen selbst geübte Kletterer schwindelig machen können, benötigt man unbedingt geeignetes Schuhwerk! Pfadfinderruhm auf eigene Faust sammeln zu wollen, ist zudem auf keinen Fall ratsam. Der Rundweg beginnt nämlich im Norden gut gesichert, mit Leitern und Seilen auf verlockend abenteuerliche Weise, wird jedoch, sobald er die Südabstürze erreicht, sehr schwierig.

Nach Douarnenez und Châteaulin

Auf dem Rückweg muß man bei Primelin von der Hauptstraße abbiegen, um Saint-Tugen seine Reverenz zu erweisen. Der Heilige gilt als Helfer gegen die Tollwut und wird meist mit einem friedlich zu seinen Füßen liegenden Schäferhund dargestellt. Die ihm geweihte *Kapelle* aus dem 15. Jahrhundert verdient eine eingehende Würdigung: Es ist erstaunlich, wieviel Kunst auf diesen abgelegenen Wallfahrtsort verwendet wurde. Im Land der zarten, wie ziselierten Glockentürme und steilen Turmspitzen hat der Bau einen altertümlich-kräftigen, beinahe festungsartigen Viereckturm erhalten, zu dem die beiden in feiner gotischer Steinmetzarbeit ausgeführten Portale wirkungsvoll kontrastieren. Auch im Innern wurde an nichts gespart; selten wird man eine kleine

Landkapelle mit wertvoller Ausstattung finden; zu den Altären aus dem 17. Jahrhundert gesellt sich hier noch der Landesherr – Ludwig XIV. – in einem Medaillon, dem man seine nicht sonderlich geliebte Gemahlin, die spanische Infantin Maria Teresa, an die Seite gegeben hat. An den Kirchenbau schließen sich ein *Friedhof* mit sehenswerten Grabsteinen und ein Calvaire aus dem 19. Jahrhundert an.

Der Name **Douarnenez** bedeutet etwa »Von der Insel abhängig«. Diese Insel trägt heute den romantischen Namen **Ile Tristan** und liegt vor dem Trichterhafen der Stadt. Auf ihr fanden sich Reste eines galloromanischen Oppidums. Jahrhunderte später wurde sie wiederholt von Seeräubern heimgesucht und diente dann dem berüchtigten adeligen Banditen Fontenelle (1572–1602) als wohlbefestigter Stützpunkt.

Douarnenez ist in der Touristensaison das Versorgungszentrum der umliegenden Strände und fungiert als abwechslungsreiche Kleinstadtkulisse an Regentagen, hat aber durchaus auch seine eigenen Sehenswürdigkeiten und nicht wenige leidenschaftliche Liebhaber, die das Städtchen seiner Umgebung vorziehen. Der Hauptreiz liegt in der besonderen Atmosphäre des kleinen Hafens, mit kleinen Bars und Crêperien, Restaurants und Hotels, die sich am Wasser aneinanderreihen und nie ohne Besucher sind. Hier kann man mit einer stets wechselnden Szenerie rechnen, ob nun entladen wird, ob einer nur sein Boot neu bepinselt oder ein Kutter leise tuckernd seine Spur durch das Wasser zieht.

In der Oberstadt, die nur von zwei Geschäftsstraßen ein gewisses Maß an Leben erhält, liegt die mit ihrem schlanken Turm hochaufragende *Kirche*, ein gefälliger, ja einer gewissen Großzügigkeit nicht entbehrender Bau aus dem 16. Jahrhundert, der zwei Renovierungen ohne Einbuße an Wirkung überstanden hat.

Östlich von Douarnenez erstreckt sich ein relativ kleiner, aber stark besuchter Bezirk, der landschaftlich durch die Waldhügel zu beiden Seiten von Locronan einen besonderen Akzent erhält und nur an der geschützten Südostecke der großen Bucht von Douarnenez ans Meer stößt. Es ist, als hätten sich zwischen Hügelland und Strand ein paar Heilige zusammengedrängt, denen es anderswo in der Bretagne zu rauh war, und so hat denn der vielleicht berühmteste *Pardon* des ganzen Landes, der von **Sainte-Anne-la-Palud**, hier eine unvergleichlich friedliche Kulisse. Er bleibt, trotz des störenden kommerziellen Bei-

Glasfenster in der Kirche von Locronan.

werks, das große religiöse Fest des bretonischen Sommers. Obwohl mancher wichtige und stark besuchte Pardon schon nach Pfingsten und mancher andere erst im späten September stattfindet, so ist doch auch für die eigentliche Urlaubssaison vorgesorgt: Am dritten Julisonntag findet die Prozession in Douarnenez statt, am 25. und 26. Juli (also an festen Daten) der zweite große Annenpardon in *Sainte-Anne d'Auray* im südlichen Cornouaille und im August nach weltlichen Festen wie der *Fête des Fleurs* von Pont-Aven und der *Fête des Filets bleus* von Concarneau dann am letzten Augustwochenende Sainte-Anne-la-Palud, gefolgt von dem großen Pardon von *Folgoët* mit seiner berühmten nächtlichen Prozession am ersten Septembersonntag.

Zu den besonderen städtischen Attraktionen der westlichen Bretagne ist **Locronan** zu zählen. Der Kirchenvorplatz mit seinen Häusern aus der großen Zeit des 16. und 17. Jahrhunderts, als die Weberei blühte, bietet mit seinen wie für die Ewigkeit aus dem schönen braunen Granit errichteten Fassaden einen unvergeßlichen Anblick. Die sehenswerte *Kirche* wurde zwischen 1425 und 1460 errichtet. Schon das Haupttor, überdacht, mit Pforten zu beiden Seiten der Ronanstatue, ist originell und doch würdevoll, und

das Kircheninnere mit seiner homogenen Schönheit verstärkt noch die feste Gewißheit, hier ein Heiligtum von ganz besonderer Art zu betreten. Die kunstvolle Holzkanzel verweilt in zehn Medaillons bei den wichtigsten Stationen im Leben des heiligen Ronan, sie ist eine Arbeit aus den ersten Jahren des 18. Jahrhunderts. Offensichtlich um die Bildung des einfachen Volkes bemüht, besitzt das Gotteshaus auch noch ein großes, sechsfach geteiltes Fenster, das in Malerarbeit aus dem 15. Jahrhundert, 17 Szenen der Leidensgeschichte Christi, zeigt. Die angrenzende *Chapelle du Pénity* stammt vom Beginn des 16. Jahrhunderts, angeblich eine Stiftung Anne de Bretagnes. Eine Pietà und ein Schmerzensheiland, zwei Holzarbeiten aus der Entstehungszeit des Gebäudes, kennzeichnen den Charakter der Bußkapelle. Eine Seltenheit ist die Gruppe der Grablegung Christi, eine Bildhauerarbeit aus der gleichen Zeit. Das auffallende Grab des heiligen Ronan, dessen liegendes Steinbild sechs Karyatidenengel tragen, ist älter als die Kapelle, es war früher in der Hauptkirche aufgestellt.

Die Wallfahrt *La grande Troménie* führt die Gläubigen des Ortes auf einem seit Jahrhunderten feststehenden Rundweg zwölf Kilometer durch die Felder und Hügel. In der Rue Lann in Locronan erwarb 1912 die Familie Tanguy ein Haus; Yves Tanguy, der berühmte surrealistische Maler, traf sich hier wiederholt mit seinen Freunden Jacques Prévert, Max Jacob und Marcel Duhamel. Die Kapelle von **Quilinen** wird oft besucht, weil neben ihr, vermutlich 30 bis 40 Jahre später entstanden, einer der schönsten bretonischen *Calvaires* zu sehen ist. Er wurde um 1550 errichtet, besticht durch ungewöhnlich feine Ausführung des Figurenschmucks und erfreut das Auge durch die Patina des rötlichen Steins. In **Saint-Venec** liegt die *Kapelle* schattig am Fuß eines Hügels und ist ein kleines gotisches Gotteshaus, in dem sich ebenfalls ein reicher Schatz an Statuen befindet, darunter eine ungewöhnliche Gruppe aus bemaltem Stein.

Châteaulin ist ein fröhlicher und betriebsamer Ort, in dem rund 6000 Menschen leben. Zur Bedeutung dieser Ansiedlung trägt neben dem abnehmenden Fang von Lachsen im Aulnefluß vor allem die Sous-Préfécture bei, die hier ihren Sitz hat. Dieses modern wirkende Gemeinwesen beginnt mit seinem drei Kilometer flußabwärts liegenden Seehafen Port-Launay zusammenzuwachsen, wo auch das beste Hotel liegt. Immerhin aber finden sich hier ein paar malerische

Überbleibsel aus früheren Jahrhunderten, wie die aus einer Schloßkapelle erwachsene *Eglise Notre-Dame* auf ihrem Felsen und die Überreste des alten Schlosses, das im 10. Jahrhundert von einem Grafen von Cornouaille gebaut wurde. Die um die Kirche laufenden Mauern stammen jedoch von einem aufgelassenen Friedhof.

Der Parc Naturel Régional d'Armorique

Die Bretagne besitzt zwischen Rennes und der Halbinsel Crozon einen küstenfernen Landstreifen, eine Art Rückgrat, mit dem sich Touristen in der Regel nicht beschäftigen. Und das, obwohl man auf einer Fahrt ins Landesinnere am besten die Eigenheiten der Halbinsel erleben kann: Ihre

Detail am Annenaltar von Commana.

herrliche Einsamkeit, die windigen Einöden, ihre Salzluft bei weitem Blick über verlassene Täler.

Bis auf die Höhe von Carhaix, genauer gesagt bis zu dem 13 Kilometer nördlich der Stadt gelegenen Saint-Gildas, erstreckt sich in seiner östlichen Ausdehnung der große **Parc Naturel Régional d'Armorique**, eine ziemlich komplizierte Bezeichnung, hinter der sich jedoch etwas sehr Schönes und Nützliches verbirgt.

Das Gebiet ist eine Schutzzone nicht etwa nur für Pflanzen und Tiere, sondern auch für Kleinsiedlungen, altes Handwerk, Brauchtum und Tradition. Da man Verkehrswege wie die Schnellstraße von Quimper nach Brest ebensowenig einbeziehen konnte wie größere Siedlungen, mußte man auf einen geschlossenen Großraum verzichten. Immerhin aber reicht die Binnenzone des Schutzraums von Morlaix und Guerlesquin bis vor das kleine Dorf Rumengol, bildet dann eine zweite kleinere Zone zwischen Châteaulin und Lan-

Der reich verzierte Annenaltar in der Kirche von Commana stammt aus dem Jahr 1682.

dévennec und erfaßt schließlich auch Küstengebiete und Inseln zwischen Crozon und Ouessant. Daß Rumengol ausgespart wurde, hat seinen Grund wohl darin, daß die zwei Pardons dieses Dorfes – der berühmte am Sonntag Trinitatis, der andere am 15. August – alljährlich große Menschenmengen, aber auch Schausteller und andere Gewerbe hierherströmen lassen. Hingegen hätte man gewünscht, daß das sehr malerisch und relativ dünn besiedelte Vorland der **Monts d'Arrée** in diesen gesetzlichen Schutzraum einbezogen würde: Die kleinen Kirchendörfer **Commana** und **Sizun**, im Norden noch **Plougonven** und im Süden das reizende **Brasparts** mit seinem melancholischen Charme.

Zwischen Argoat und Aulne

Zu den stärksten landschaftlichen Eindrücken einer Bretagnereise zählen zweifellos die Übergänge zwischen dem Bergland des Argoat und dem lieblichen Aulne-Tal im Süden und Südwesten. **Saint-Herbot** ist die erste Station, ein kleines, dicht gedrängtes Dorf mit einer bemerkenswerten *Kirche*. Ihr Viereckturm atmet ein wenig von der strengen Großartigkeit der Landschaft; der Chorabschluß aus Eichenholz läßt erkennen, daß

die hier einst ausgedehnten Wälder früher die Hauptmaterialien für alle Bauten lieferten, später dann immerhin noch für die Innenausstattung. Das Granitkreuz vor der Kirche ist aus dem Stein des nahen Kersanton gefertigt.

Westlich von Lannédern teilt sich die Straße. Rechts, also in nördlicher Richtung, führt sie über **Brasparts** mit seinem einzigartig gelegenen kleinen Kirchhof zu zwei bekannten Aussichtspunkten: Der eine ist die *Chapelle Saint-Michel-de-Brasparts*, der andere der *Roc Trévezel*, der dem Besucher allerdings eine kleine Wanderung aufnötigt. Der Felsen sieht trotz seiner bescheidenen 384 Meter in der ihn umgebenden Ödnis wie ein Gebirgsstock aus, und der hier zu allen Zeiten wehende Wind, der weite Blick und die großartig-einförmige Landschaft geben in der ansonsten flachen Landschaft echte Gipfelgefühle ein. Man muß hier heraufsteigen, um die zweite Komponente jener mystischen Bretagne kennenzulernen, die uns in den Kirchen und kleinen Dörfern umgibt: Das stets vorhandene Bewußtsein einer ganz nahen Unendlichkeit, sei sie nun durch den Ozean oder durch den weiten Luftraum gegeben. Der Weg Richtung Süden führt aus der großartigen Berglandschaft heraus in eine Zone alter Besiedlung, die einige der sehenswertesten Orte der ganzen Region Finistère umschließt. Der erste ist **Pleyben** mit einem *Enclos* mitten im Städtchen. Kaum irgendwo anders läßt sich so deutlich erkennen, welche Rolle der Pfarrbezirk in den kleinen Lebensgemeinschaften der Bretagne gespielt hat und zum Teil noch spielt.

Allein der *Calvaire*, auf einem mächtigem Sockel figurenreich aufgetürmt, ist die Reise wert, aber auch das *Beinhaus*, das zu den ältesten der Bretagne gehört. Mit seinen ziemlich achtlos dargebotenen Schätzen lohnt es den Besuch durch den Anblick jener alten Darstellungen, die erkennen lassen, wie in früheren Zeiten der Tod und die

Der Calvaire von Pleyben: Seine Baugeschichte reicht vom 16. bis ins 18. Jahrhundert.

Einsam liegt die Kirche von Saint-Herbot.

Toten im Herzen des Dorfes mitwohnten. Die Gräber der Verstorbenen waren noch im 18. Jahrhundert ganz flache, bedeckte Gruben ohne Kreuze oder Denkmäler. Man ging über sie hin, und nur das Beinhaus, in dem die aus dem Boden genommenen Reste früherer Bestattungen aufbewahrt wurden, erhob sich als mahnende Erinnerung an die stetige Nähe des Todes über dem verwahrlosten Platz.

Das sakrale Ensemble wurde zwischen 1550 und 1580 errichtet, wobei die Datierung des Calvaires längere Zeit umstritten war und erst aufgrund der dargestellten Kostüme endgültig geklärt werden

konnte. Es gab nämlich – wie in diesem Klima kaum anders möglich – spätere Ausbesserungen und Ergänzungen; die Figuren wurden auf einen neuen, größeren Sockel gestellt, und auch die Triumphpforte wurde erst im 18. Jahrhundert errichtet, die Kirche im 19. Jahrhundert restauriert. Der Bau gesellt zu einem kräftigen, beinahe festungsartig wirkenden Renaissanceturm gotische Elemente, das Beinhaus zeigt hochgotische Bauweise. Das Interessanteste ist – wie in manchem Gotteshaus des Binnenlandes – die alte Holzarbeit. Im Beinhaus stehen naive und bemalte Holzheilige sowie andere Einrichtungsgegenstände unter längst verwischten und unleserlichen Schrifttäfelchen; in der Kirche zeigt uns die Zimmermannsarbeit aus dem 16. Jahrhunderts, wie souverän man schon damals mit komplizierten Konstruktionen umzugehen verstand. Pleyben ist ein kleines Zentrum ländlichen Pilgerbetriebs, denn man kann von hier aus die Wallfahrt der Sieben Kapellen antreten. In dem hier recht häufigen Regen mag so manche dieser langen und beschwerlichen Wanderungen die Gläubigen große Mühe gekostet haben.

Die weltlicher gesinnten Besucher der Region sehen in Pleyben den Ausgangspunkt zu Erkundungen im Aulne-Tal, das als besonders fisch-

reich gilt. Freilich sind die Forellen und was sich sonst noch in den Gewässern herumtreibt, ziemlich launisch: Dauerfischer berichten von Tagen ohne jeden Fang, auf die dann eine Zeit mit reicher Beute folgte. Vollends verloren ist, wer mit den falschen Ködern fischt, sich auf Fliegen und Pasten verläßt. Die verwöhnten Lachse von der Aulne beißen nur auf Crevetten.

Diese und andere Tips holt man sich kostenlos und in angenehmster Gesellschaft an der Bar der kleinen »Auberge du Pêcheur«, fünf Kilometer südlich von Pleyben idyllisch zwischen den Fischwassern gelegen. Das wie von einem Sonntagsmaler entworfene Haus verdient nicht nur das Vögelchen für die ruhige Lage, mit dem es der rote Guide Michelin ausgezeichnet hat, sondern auch eine ehrende Erwähnung der Küche. Die Preise sind für unsere Gewohnheiten angesichts all des Gebotenen geradezu märchenhaft niedrig.

Die Halbinsel Crozon

Es gibt keine Enttäuschungen, wenn man aus dem Regionalpark der Bergregion weiter nach Westen in die kleinste Zone auf der Halbinsel Crozon fährt. Es ist eine sehr schöne Strecke, die sich aus wilder Berglandschaft sanft gegen das

Die Landzunge von Crozon und die ihr vorgelagerten Inseln stehen unter Naturschutz.

Doch hat auch das **Plateau du Léon** mit seinen Westabstürzen zum Meer und seinem freundlicheren Nordrand seit jeher seine Liebhaber gehabt. Blickt man von Le Conquet oder von der Pointe de Corsen nach Westen aufs Meer hinaus, sieht man sich dem eigenartigsten National- und Naturpark gegenüber, den Frankreich besitzt. Er schützt mit Inseln und Untiefen die Aberküste, eine Phalanx, deren stärkstes Außenwerk **Ouessant** ist (siehe Seite 33f.). Das Gebiet war mit seinem wahrhaft unüberschaubaren Gewirr von Riffen, schmalen Durchfahrten und Felsenbänken hart unter der Meeresoberfläche der Schrecken der Seefahrer, ehe der Leuchtturm von Trézien seine Warnsignale über die Fluten blinken ließ.

Impression von der Aberküste der Nordbretagne.

Meer hin senkt, und wenn man diese Fahrt gar noch abends macht, während die Sonne langsam immer tiefer zum Meer hinabsteigt, dann erlebt man wahrhaft zauberhafte Stunden. Die Felsen werden blau und schließlich schwarz, während das Meer sich mit düsterer Glut erfüllt. Selbst **Châteaulin**, das Brückenstädtchen mit seinem allzu regen Verkehr, gewinnt in diesen seltenen Augenblicken einen gewissen Reiz mit seinen langen Quaistraßen an der Aulne, und der Blick vom **Ménez-Hom** (330 Meter) über die Halbinsel wird vollends unwirklich.

Sainte-Marie-du-Ménez-Hom und das nahe Dorf **Argol** zeigen die westlichsten vollständigen Sakralensembles. Sainte-Marie wirkt auf seiner Paßhöhe beinahe verlassen, eine Kirche, die übriggeblieben zu sein scheint aus längst vergangenen Tagen. Schon wenig weiter beginnt ein anderes Leben, melden sich die Strände mit dichter werdenden Hinweisen auf Gaststätten. Der Blick von der **Pointe de Penhir** ist wirklich einzigartig und in gewissem Sinn sogar schöner als von der Pointe du Raz, denn hier sind die Gestade mit dem Meer verschlungen, stoßen rot und goldsandig immer wieder in die große Bläue hinaus und schaffen eine beinahe mythische Verschwisterung der gegensätzlichen Elemente. Die Felsen,

das niedrige Gras, der Wind und die Sonne sind so großartig, daß selbst eine Schar Touristen die Atmosphäre nicht zu stören vermag.

Von der Aberküste nach Osten

An der nördlichen Küste, wo sich die Bretagne vom offenen Ozean ab- und dem Ärmelkanal zuwendet, ist sie mit ihren gewaltigen Landmassen dem Anprall der See überlegen. Kleine und große Inseln mildern zudem die zerstörerische Kraft des Atlantiks.

Westlich und nördlich von **Brest** (siehe Seite 24f.) ragt die Halbinsel trotzig und klobig ins Meer hinaus, sie sieht aus wie Stirn und Kopf eines Pottwals und hat in den sogenannten »Abers« nur vergleichsweise kleine und zugleich seichte Einschnitte mit flachen Ufern, so daß auch die sicheren Häfen fehlen. Die unwirtliche Küste mit ihren winzigen Fischerdörfern hat zu keiner Zeit nennenswerten Handel angezogen, darum ist das ganze Léonais bis Morlaix auch außerordentlich dünn besiedelt. Nur an der Basis dieses Landrückens sitzen mit Landerneau, Landivisiau und Saint-Thégonnec ein paar kleine Städte, die aber alles Land nördlich von ihnen im Grunde nur noch einsamer erscheinen lassen.

Über ein schmales Sträßchen kann man die **Pointe de Corsen** erreichen, die wider Erwarten der westlichste Punkt des französischen Festlands ist, so kühn auch die Pointe du Raz in die See hinaus vorspringt. Überhaupt führen von dem neuen Seebad Trez-Hir nach Le Conquet und vom Aber Ildut bis nach Trémazan Uferstraßen mit den schönsten Ausblicken. Östlich davon, im Innern, bietet das Land in seiner weiten Ödnis sehr viel Stille, den hohen Himmel und ein paar Menhire. Das Schloß **Kerouartz** ist ein Renaissancebau, der mit überreichem Blumenschmuck und wohlgepflegtem Rasen wie eine Herausforderung in dieser kühlen Nebellandschaft wirkt. Nur das Mobiliar, einzelne Sessel, die nicht nur Ohrenbacken, sondern darüber hinaus kleine Baldachine haben, lassen erkennen, daß der bretonische Winter auch vor diesem Adelssitz nicht haltmachte.

Die Klippen der Pointe de Corsen sind der westlichste Punkt des französischen Festlands.

Die heutige D 788 ist ein sehr alter Handelsweg, wie uns zwei der schönsten *Calvaires* beweisen (Locmaria und Berven), aber auch kleine Städte wie **Lesneven** mit der bedeutenden Basilika und **Le Folgoët**. Die dortige *Kirche* und die *Fontaine de Saloun* sind die Mittelpunkte eines berühmten *Pardons* im September, dem kleinere Feiern im Mai, Juli und August vorangehen. Saloun (o und u werden getrennt ausgesprochen) ist der seltsame Fall eines von der Bevölkerung mehr aus Zärtlichkeit und Mitleid denn aus Überzeugung zum Heiligen erkorenen Dorftrottels. Der Ärmste lebte im 14. Jahrhundert, konnte keine anderen Worte sprechen als »Ave Maria« und lebte ausschließlich von Brot, das er in eine heute als heilig geltende Quelle tauchte. War ihm kalt, so stieg er selbst in das Wasser, was freilich nicht lange gutging: Er starb als junger Mensch im September 1358. Motive aus seinem Leben zeigt das gotische Gotteshaus, das aber nicht nur seinetwegen besucht wird: Im Giebelfeld sind die Heiligen Drei Könige und eine liegende Darstellung der Gottesmutter zu sehen.

Kerjean, zwei Kilometer südlich der Straße, liegt trotz eines verheerenden Brandes im 17. Jahrhundert noch recht imposant vor uns, ein asymmetrisches Riesenschloß, selbstherrlich und bizarr, über dessen chaotisches Innenleben sich schon Flaubert wunderte – er geriet auf einer Treppe in ein herumliegendes Wolfseisen. Seit 1911 im Staatsbesitz, wird der ausgedehnte Komplex bedächtig restauriert. Er ist – in der Bretagne eine Seltenheit – aus dem Vermögen eines Domherrn errichtet worden. Der hieß Hamon Barbier und hatte so viele Pfründe vereint, daß der Papst nach dem Tod des Besitzers ausgerufen haben soll, ob denn alle Äbte der Bretagne an ein und demselben Tag verstorben seien.

Tronjoly ist so fröhlich, wie ein Granitbau nur sein kann. Das Schloß ist grün bewachsen und eher solide als wirklich großzügig zu nennen. Und obwohl der Granit nach und nach eine warme Brauntönung angenommen hatte, verkleidete man ihn im *Grand Salon* durchgängig mit Holz. Hier ist das Mobiliar aus dem 18. Jahrhundert, als der Bau an die Parcevaux gekommen war, und der gewaltige Kamin läßt erkennen, daß diese in der westlichsten Bretagne noch nicht lange beheimatete Familie es sich einigermaßen wohnlich machen wollte.

Seltsamerweise ist es nicht ein Renaissanceschloß, sondern eine spätmittelalterliche Festung, die sich den Ehrentitel »une souriante forteresse« verdient hat: **Kérouzéré**, ein seit dem 15. Jahrhundert kaum veränderter, wenn auch wohlerhaltener und gepflegter Bau, dem lediglich die Zinnen abhanden kamen, als eine neue Bedachung notwendig wurde. Hier ist aus dem widerstandsfähigen Granit und patinabedeckten Schieferdächern ein Dokument altbretonischer Wehrhaftigkeit entstanden. Die Anlage zeigt in ihren großen Sälen, den Gängen und den Souterrains die schlichte Kraft der damaligen Bauweise, unverkleideter Stein, herrliche Holzdecken, schmale Fenster und breite Kamine. Man lebte hier tatsächlich mit den Jahrhunderten in Wänden, die für ein Jahrtausend aufgerichtet worden waren. Fensternischen von zwei bis drei Meter Tiefe, große, kahle Flächen, an denen sich die Tapisserien wie verloren ausnehmen, charakterisieren die Stimmung. Nur einige wenige Räume sind freundlicher möbliert und zeigen, daß die Schloßherren sich die Erzeugnisse der großen französischen Kunsttischler zu verschaffen wußten. Was Kérouzéré den Ruf einer »lächelnden Festung« eintrug, ist wohl das Licht, das voll in die Säle und Zimmer fällt, aber auch der helle, freundliche Granitton der Mauern; Erker und Rundtürme geben dem Ganzen den Aspekt eines alten Märchenschlosses, dem die Zeiten offensichtlich nicht das geringste anhaben konnten.

Morlaix und Saint-Pol-de-Léon

Morlaix am Südende eines tiefen Meerestrichters ist trotz vieler Reminiszenzen aus vergangenen Zeiten mit Rennes jene Stadt, in der uns die Bretagne am modernsten entgegentritt. Der Ort hat relativ viel Verkehr, nicht zuletzt wegen der Briten, die mit der Autofähre nach Roscoff kommen und von dort den Weg zu ihrem Urlaubsort nehmen. Dazu kommt, daß Morlaix als Unterpräfektur und Wirtschaftszentrum eines großen ländlichen Raumes Betriebsamkeit erzeugt. Man kann gleichwohl in der kleinen und sehenswerten Altstadt in der *Rue du Mur* angenehm promenieren, auf Nummer 33 ein hübsches altes Haus besichtigen, in dem Anne de Bretagne entweder 1505 oder 1506 abgestiegen sein soll, und sich auch bei einem Bummel in der *Grande Rue* an relativ vielen alten Fassaden und Läden erfreuen.

Die Kirche *Saint-Mathieu* liegt am Fuß des alten Schloßbergs im ältesten Siedlungsbereich der Stadt. Dieser Kern bildete sich als Burgdorf im frühen Mittelalter und gelangte etwa seit dem Jahr 1000 zu größerer Bedeutung. Der große Viereckturm des Sakralbaus stammt noch aus dem

137

Vom nordbretonischen Roscoff legen die Fährschiffe nach Großbritannien und Irland ab.

sogleich die sakrale Stimmung, die das alte Gotteshaus verdient. Der Raum ist mit wohlüberlegten Lichtspielen erfüllt, einem violett einfallenden Strahl aus dem rechten Querschiff, dem gegen-über graugrün hereinsickerndes Licht den Altarbezirk abgrenzt. Es ist ein kunstvolles Interieur, das bewußt auf allzu viele Details verzichtet, ein nobles, großartiges Gotteshaus, in dem man sich viele Stunden aufhalten möchte.

Obwohl der Bau im wesentlichen aus dem 13. Jahrhundert stammt, gibt es an der Südfront

Seitenschiff der Kirche von Ploudiry.

16. Jahrhundert, die übrigen Teile wurden 1824 neu errichtet. Noch älter als der Renaissanceturm ist die sogenannte *Statue Ouvrante*, eine geschnitzte und bemalte Madonna, deren Leib sich über einer Dreifaltigkeitsgruppe öffnet. Bildwerke dieser Art sind verhältnismäßig selten. An Regentagen lädt das *Stadtmuseum* zu einem Besuch ein. Die Gemäldesammlung besitzt einige der berühmtesten Ansichten bretonischer Städte und Landschaften von Courbet, Boudin, Maurice Denis und anderen.

Zwischen Morlaix und Roscoff kann man leicht eine Woche zubringen, ohne sich zu langweilen. Die Landschaft zu beiden Seiten der Bucht ist von außerordentlicher Schönheit. Am rechten Ufer führen die Verkehrswege dann allerdings landeinwärts, auf Saint-Jean-du-Doigt und Plouézoc'h zu, am linken jedoch bleibt die Straße bis Carantec am Meer und gewährt zuletzt, ehe sie dieses kleine Fischerdorf erreicht, noch einen packenden Blick auf das Inselschloß, das die Segelschule von Morlaix beherbergt.

Saint-Pol-de-Léon, der Bischofssitz, und Roscoff, der Klippenhafen ganz draußen an der Pointe de Bloscon, ergänzen einander aufs glücklichste und bilden – fünf Kilometer voneinander entfernt – ein Duo, das alle Wünsche erfüllt. Die Prospekt-

werbung von Saint-Pol setzt seltsamerweise auf Strände, Tennisplätze und Segelmöglichkeiten, während doch die Stadt selbst mit ihren zwei herrlichen Kirchen allein schon eine Reise wert ist. Sie heben sie viel deutlicher aus allen anderen möglichen Zielen heraus, während man hinsichtlich der Badeplätze ja doch nicht mit Roscoff oder Trégastel konkurrieren kann. Die beiden Gotteshäuser sind unvergeßlich: Das eine nennt sich bescheiden *Chapelle du Kreisker*, hat einen 77 Meter hohen kühnen und kunstvoll durchbrochenen Glockenturm, er ist Ausdruck der Hochgotik wie auch das Hauptschiff selbst. Im 14. Jahrhundert erbaut, mit viel Licht und leichtem Mauerwerk zart und zeitlos wirkend, hat die Kapelle etwas Abgeklärt-Schwebendes.

Die *Kathedrale* erhebt sich auf einem großen freien Platz, den – wie das heute so ist – zahllose Autos füllen. Das Haupttor kehrt das Gebäude zwar dem wimmelnden Saint-Pol der Geschäfte, Cafés und Gaststätten zu, doch die Konfrontation verläuft durchaus akzeptabel. Die kleine alte Stadt gibt in jenem warmen, bräunlichen Granit, der die Mauern der Bretagne so freundlich erscheinen läßt, ein erfreulich homogenes Bild ab.

Kirche und Vorplatz sind beinahe zu groß und jedenfalls beherrschend, im Innern aber regiert

eine noch älter, beinahe archaisch wirkende Seitenkapelle, die aus einer vorangegangenen Kirche zu stammen scheint, weil sie bei Restaurierungsarbeiten übergangen wurde. Im Chorumgang finden sich die Gräber und Grabmonumente der Oberhirten, wobei das älteste von 1327 bereits eine Nachbildung ist.

Roscoff entwickelt als Badeort überraschend wenig Ehrgeiz und scheint sich durchaus auf die Gunst seiner Lage zu verlassen. Dafür sind die Preise erstaunlich niedrig, und der Nepp hat hier offensichtlich noch keinen Einzug gehalten. Eine Abwechslung zum Strandleben bietet die Kirche *Notre-Dame-de-Kroaz-Baz*. Ihr eleganter Renaissance-Glockenturm wurde 1550 erbaut, die Beinhäuser etwa ein halbes Jahrhundert später. Der vergoldete Schnitzaltar ist einer der prächtigsten in der ganzen Bretagne. Während sich westlich vom Kirchenplatz nur noch Villen und einige Hospitalkomplexe finden, herrscht in der *Rue Amiral Reveillère* geschäftiges Leben. Sie führt zum Hafen und reiht zwischen modernen Läden einige alte Häuser aneinander. Ein Stück weiter wird ein kleines Türmchen als *Tourelle de Marie Stuart* vorgestellt. An dieser Stelle soll im Jahr 1548 Maria Stuart als Kind, von England kommend, an Land gegangen sein.

Von Roscoff lohnt ein Bootsausflug zur **Ile de Batz**. Auf der Insel angekommen, kann man sich ein Fahrrad mieten und die hübsche Landschaft erkunden. Auf diese Weise gelangt man zu einer romanischen Kirchenruine, einer prähistorischen Grabstätte oder einem der ältesten bretonischen Calvaires.

Im Sommer ist die Küstenlandschaft in diesem Teil der Bretagne durchaus freundlich, wenn auch die kleinen weißen Häuser der winzigen Fischersiedlungen ein wenig verloren auf der Steilküste liegen. Es ist eine Gegend für Liebhaber von Sonne, Wind und Klippen. Der Himmel ist so weit und hoch, wie man ihn noch nicht gesehen hat, und die paar Menschen, die man trifft, kümmern sich überhaupt nicht um den Reisenden.

Land der Pfarrbezirke

In keiner anderen Landschaft Frankreichs hat die Kunst das Land so dicht durchsetzt wie in der Bretagne, und so großartig leer die Binnengebirge wirken, so emsig müssen wir sein, wenn wir längs der alten Handelswege oder auch an der Küste nichts versäumen wollen. So wie die einzigartige Landschaftsszenerie der bretonischen Küste sich viele Kilometer lang um die ganze Halbinsel zieht und kaum jemand sagen könnte, wo sie am schönsten ist, so hat sich im Lauf der Jahrhunderte auch die bretonische Kunst, die in erster Linie Sakralkunst ist, weit über das Land verstreut. Siedlungsschwerpunkte sind in diesem Land so spät entstanden, daß sie zu Häufungen von Denkmälern älterer Kunst nicht mehr beitragen konnten; die Verkehrswege hingegen sind uralt, wenn sie in früheren Jahrhunderten gewiß auch sehr dürftig unterhalten wurden. Einer dieser heute noch erkennbaren Stränge frühen Verkehrs verband die mittlere Bretagne zwischen Saint-Brieuc und Morlaix mit der Bucht von Brest. Durch das Elorntal und seine östliche Fortset-

zung verlief einst ein beliebter Handels- und Pilgerweg. **Saint-Thégonnec** ist ein freundlicher Ort, der ein wenig schläfrig wirkt. Die große Attraktion ist hier der berühmte *Enclos paroissial*, das charakteristische Ensemble aus Triumphpforte, Beinhaus, Calvaire und Kirche, wie es sich kaum irgendwo schöner erhalten hat. Konnog, aus dem in der Bretagne Saint Thégonnec wurde, war einer der Mönche, die mit Saint-Pol von der Heideninsel über den Kanal flohen und in der heutigen Bretagne landeten. Er leitete in der

Der Oratoire-Turm der Burg von Vitré.

Abwesenheit von Pol das Kloster auf der Ile de Batz, ist im übrigen aber sehr wenig bekannt. Daß mit seinem Pardon am ersten Sonntag nach dem 9. September auch stets eine Reihe von Pferdewettbewerben verbunden ist, deutet darauf hin, daß er in gewissen Gegenden als Schutzpatron der Pferdezucht angesehen wurde.

Das *Beinhaus*, eines der größten seiner Art, ist in reinster bretonischer Renaissance-Bauweise errichtet und könnte, für sich genommen, als ein italienischer Palast in Miniaturausführung angesehen werden. In diesem Fall ist sogar der Künstler bekannt, es war Jean le Bescond aus Carhaix. An der Kirche ist im Lauf der vergangenen Jahrhunderte so viel herumgebaut worden, daß nur

Fort La Latte, in dramatischer Lage über dem Meer.

noch der Glockenturm von 1563 den ursprünglichen Stil zeigt. Um so bemerkenswerter ist jedoch das Innere, wo sich im Gestühl und an der Kanzel die Kunstfreude des 17. und 18. Jahrhunderts ausleben konnte.

Im nahen **Guimiliau** steht ein *Enclos*, der im Ganzen hundert Jahre älter ist als der von Thégonnec. Die Perfektion ist vielleicht etwas geringer, die Originalität des *Calvaires*, seines Figurengewimmels, des steinernen Lebens in Gesichtern und Kostümen sind jedoch einzigartig und unvergeßlich. An der *Kirche* fällt besonders das Südtor auf: Renaissance im charakteristischen Granit von Kersanton.

Ein dritter *Enclos* ist in **Lampaul-Guimiliau** zu sehen. War es in Guimiliau der Calvaire und in Thégonnec das Beinhaus, so ist es in in diesem Ort die *Kirche* selbst, die begeistert, besonders das erstaunliche Halbdutzend ihrer aus dem 17. Jahrhundert stammenden, volkstümlich bunt bemalten Altäre. Die beiden bedeutendsten verraten flämische Vorbilder und haben links und rechts vom Chor Aufstellung gefunden. Im linken Seitenschiff finden sich noch interessante Figurengruppen: die Vierge de Pitié von 1530 (sechs Figuren aus Holz) und ein Heiliges Grab mit großen Steinfiguren aus dem Jahr 1676. Auch in diesem

Gotteshaus fällt die geradezu verschwenderische Holzausstattung auf; sie stammt größtenteils aus dem 17. Jahrhundert.

Die Reihe der Enclos, also der Sakralbauten-Gruppen, setzt sich weiter fort. **La Roche**, **Ploudiry**, **La Martyre** und **Pencran** liegen noch am Weg oder südlich davon, bisweilen ohne Ort, kleine Zentren der Gläubigkeit, kurioserweise aber auch der bretonischen Pferdezucht. In **Pencran** nimmt man die Renaissance so ernst, daß sich an der kunstvollen Fassade des Beinhauses mit ihren Säulen, Nischen und Arkaden auch so heidnische Motive wie Neptun und Amphitrite finden – der Meergott und seine Gemahlin sind unter dem Christenkreuz vereint.

Mit dem *Beinhaus* an der Kirche von **La Martyre** hat sich die Wissenschaft eingehend beschäftigt, einmal, weil die Karyatide in ihrer heidnischen Halbnacktheit auffällig genug war, zum andern, weil an der linken Seite ein Banderolenengel eine bretonische Inschrift trägt, in der vom »ifern ien«, von der kalten Hölle, die Rede ist. Darin hat sich eine uralte keltische Vorstellung vom Totenreich erhalten, in dem die Verschiedenen ständig frieren. Das christliche Höllenfeuer scheint vielleicht auch für die Bewohner dieses meernahen Küstenstrichs gar nicht so furchtbar wie die eisigen Winde und der mit seinen kalten Wogen unablässig gegen das Land anstürmende Ozean.

Der Nordosten

Die Sehenswürdigkeiten des Nordostens bestehen zum einen in den Städten **Saint-Brieuc** (siehe Seite 25f.) und **Saint-Malo** (siehe Seite 26ff.), zum anderen in dem berühmten Inselkloster **Mont Saint-Michel** (siehe Seite 34ff.). Doch sollte man sich nicht auf diese bekannten kulturellen Höhepunkte beschränken, sondern auch den Attraktionen der **Côte de Granit Rose** und **Côte d'Émeraude** Aufmerksamkeit schenken.

Das Städtchen **Lannion** hat als Sitz einer Unterpräfektur zwar Vororte und moderne Verwaltungsviertel angesetzt, wirkt in seinem Kern aber noch sehr bretonisch und klettert auf höchst originelle Weise die Küstenhänge empor: Auf den 140 Stufen, die zur *Eglise de Brélévenez* hinaufführen, wird man sich klar über die Höhenunterschiede ...

Von hier kann man einen Ausflug um Schloß **Rosanbo** machen. Es stammt aus dem Jahr 1050 und war einst von weiten Ländereien umgeben. Zunächst besaß das Geschlecht der Coskaer die

Anlage. Nach dem Erlöschen des Mannesstammes ging sie in die Familie Le Peletier über, eine jener Juristen- und Gelehrtendynastien, die sich seit dem 17. Jahrhundert immer deutlicher neben den alten Schwertadel schoben, und die Peletier sind es nun, die versuchen, dem alten und etwas sorglos errichteten wehrhaften Gemäuer noch den Anstrich eines richtigen Schlosses zu geben. Die verträumten Gärten, die französisch zurechtgestutzten Buchshecken, das asymmetrische große Schloß in der Weite des bretonischen Landes, das alles zeigt uns hier den Übergang aus der alten rauhen Bretagne in die Welt feinerer Geistigkeit. Heute gehört das Schloß einem Marquis de Rosanbo, der die Besichtigung gestattet.

Nördlich von Lannion liegt der belebte Badort **Perros-Guirec**, dessen Jachthafen ein mondänes Publikum anzieht.

Der Badegast kann hier zwischen zwei Stränden wählen, beide bieten reichlich Platz und zeichnen sich durch ihre geschützte Lage aus. Erwähnenswert ist die *Pfarrkirche Saint-Jacques*. Die ältesten Teile dieses romanischen Granitbaus stammen aus dem 12. Jahrhundert. Faszinierender für den Naturfreund ist jedoch das angrenzende **Ploumanac'h**, denn von hier kann man auf dem »Zöllnerpfad« durch eine bizarre Felslandschaft am Meer klettern.

Die Smaragdküste ein Stück weiter östlich wartet mit spektakulären Aussichtspunkten in der Küstenlandschaft auf. Von fast verstörender Wildheit ist etwa das **Cap Fréhel**, das aus über 70 Meter hohen Klippen aus rötlichem Schiefer und Sandstein besteht. Daneben fasziniert das **Fort La Latte**, eine Granitfestung hart an der See, deren Ursprünge auf das 14. Jahrhundert zurückgehen. Den krönenden Abschluß bildet **Dinard**, das schon im 19. Jahrhundert als Sommerfrische bekannt und eifrig besucht war. Mit seinem Kasino und dem Kongreßpalast gilt das »Nizza des Nordens« als vornehmstes Strandbad dieses Küstenbereichs.

Die malerische Festungsstadt **Dinan** – sie liegt 22 Kilometer landeinwärts – liefert dazu mit einer Fülle alter Häuser die historische Ergänzung. Schon Victor Hugo lobte den kleinen Ort an der Rance, der noch vollständig von seiner alten Stadtmauer umgeben ist. Ein Spaziergang auf dem Befestigungsring bietet immer wieder hübsche Einblicke in nostalgische Gassen und Straßen. Unter ihnen hervorzuheben ist die *Rue de Jerzual*, denn sie ist von Fachwerkhäusern aus dem 15. und 16. Jahrhundert gesäumt.

Grenzstädte

Fougères mit seinem klobigen Gewirr der Türme und Mauern geht auf das 12. Jahrhundert zurück. Von Anbeginn an bestimmte die Abwehrhaltung gegen das angrenzende Frankreich den Charakter der Siedlung. Heute nimmt sich die Stadt, die zwei schöne *Kirchen* und malerische Häuser an der Place Marchix vorzuweisen hat, mit einigem Stolz ihres großen *Schlosses* an, in dem kein Geringerer als Victor Hugo glückliche Tage verbrachte. Städtchen und Schloß spielen sowohl in Hugos Roman »Quatre-vingt-treize« als auch in Balzacs »Chouans« eine große Rolle. Soviel literarischer Ruhm führt in Frankreich allemal zum Denkmalschutz ...

Vitré, die erste bretonische Stadt auf dem Weg von Paris, hat ein beinahe ebenso mächtiges *Schloß* wie Fougères, das auf uralten Fundamenten im 13., 14. und 15. Jahrhundert neu errichtet wurde. Trotz seines dreieckigen Grundrisses bot es Raum genug, um flüchtende Landbewohner aufzunehmen, und die alten Rundtürme über dem heute trockenen Graben zeugen von seiner beträchtlichen Abwehrkraft. Ihre große Zeit hatte die Stadt in der Renaissance. Festung und Herrschaft gehörten damals den Coligny, die als Führer der Hugenotten in die Geschichte eingegangen sind, und in den Mauern trafen sich die besten Geister der Zeit mit den begabtesten Künstlern und Dichtern der Epoche. In den Pestjahren der Bretagne zog sich sogar das Parlament von Rennes hierher zurück.

Aus jener Zeit behielt Vitré – ein Unikum in der katholischen Bretagne – eine alte und seit je geduldete Hugenottengemeinde, und es spricht für die Toleranz der Kirche zumindest an diesem Grenzplatz, daß man nicht mit Feuer und Schwert gegen die Andersgläubigen vorging.

Im Herzen von Quimper steht die Kathedrale Saint-Corentin. Die Turmspitzen wurden dem Bau aus dem 13. bis 15. Jahrhundert erst 1856 aufgesetzt.

Register

Bildnachweis
Dieter Strauß, Bruchsal:
Seite 125 rechts, 126,
129 oben, 130 oben rechts,
132, 133, 135 rechts, 139 (2)

Ekkehart Reinsch, Dortmund:
Seite 128 links, 136 (2), 137

Die Karte auf Seite 120
zeichnete Astrid Fischer-Leitl,
München.

Impressum
Herstellung: Kristina Kaiser
Lektorat: Christa Klus,
G. Sona Hähnel
Bildgestaltung:
Joachim Hellmuth
Layout: H. Leonhard Guha
Reproduktionen:
Lana Repro, I-Lana
Druck und Bindung:
Mohndruck, Gütersloh

Überarbeitete Auflage 1995,
Südwest Verlag
GmbH & Co. KG, München

© 1990 Süddeutscher Verlag
in der Südwest Verlag GmbH
& Co. KG, München
Alle Rechte vorbehalten
Printed in Germany
ISBN 3-517-01582-2